Albert Memmi

PORTRAIT DU DÉCOLONISÉ

arabo-musulman et de quelques autres

アルベール・メンミ
菊地昌実／白井成雄 訳

脱植民地国家の現在

ムスリム・アラブ圏を中心に

りぶらりあ選書／法政大学出版局

Albert Memmi
PORTRAIT DU DÉCOLONISÉ
arabo-musulman et de quelques autres

アニェス・ギイ、アンリ・ロペス、アフィファ・マルズキ、アリシャ・デュヴォネ・オルチス、サビア・サマイの皆さんに御礼申し上げる。ブラック・アフリカ、マグレブ、ラテン・アメリカ、郊外にかんする記述を丹念に読み、私に恩恵を与えてくださった。

とりわけ、ピエール・マイヨからの暖かい示唆にたいし、心から感謝を申し上げたい。

目次

序にかえて

私がこんなにも本を書くのに気が進まなかったのは、珍しいことだ。一つに、私の話が聞いてもらえないのではないか、あるいは悪く取られるのではないかと思うと、気が重くなったからだし、さらに言うと、まだ弱い立場にあり、守り続けてあげるべき人たちに迷惑をかけるかもしれないと考えたからだ。しかし、差し迫って必要なのは、旧植民地人の耳に、偽りの友の声とは別の声が届くことだと、私は最後に考えた。五〇年代に私が『植民地人の肖像』〔渡辺淳訳『植民地――その心理的風土』三一書房〕を書き上げたとき、読者の中に中身を肯んじない人たちがいることは、わかっていた。例えば、かの深い尊敬に値するピエール・マンデス・フランス（一九〇七―八二。フランスの政治家。五四―五五年、首相）のようなリベラル派は、必要な改革の恩恵にさえ浴するなら、植民地人が独立を諦めるだろうと考えていた。またマルクス主義者たちは、彼らのいつもの習いで、脱植民地化とは何よりも経済的要求であると主張していた。私は、それは間違っており、事はより複雑であると思っていた。またもう一方に不変の植民地体制を擁護する別の世論があり、私はそちらの方とぶつかると予想していた。ただ、その意見は間違っていたから、そうした世論と衝突するのは、嫌ではなかった。こうしたさまざまな誤解に遭っても、私は、少なくとも支配される側の全面的な同意を得られることを確信して、自ら励ましていた。そして、そのとおりになった。この『脱植民地国家の現在』（本訳書の原題は『脱植民地人の肖像』）を書きながら、私がおそれるのは、みんなの総すかんを食らうことだ。これまで何度も、皮肉の色合い（あるいは疑いの混ざった期待の念）も込めて、植民地人のその後の姿を描いてみてはどうかと勧められてきた。そうすれば、私が道を間違えたことに納得がいくはずだというわけだ。たしかに、いくつかの点において、自分でも疑問を覚えることがあったが、しかし、私をためらわせたのは、こうした疑念ではない。もう少し時間にチャンスを与えるべきだという気がしていたのだ。

あれから数十年が過ぎた。そろそろ収支のバランス・シートをまとめ、そこから未来への示唆を導くことができるかもしれない。

まず言わねばならない。人々が勝ち得た、あるいは取り戻した自由の成果を過小評価するのではなく、逆に現在もまだ残るその不十分さを強調すべきである。国家的・民族的解放は、今日の女性解放と同様に、正当であり、急を要するものであった。しかし、新生、旧来いずれにせよ、どの国家も、またどの少数派も、他者に囲まれながら対等で、ふさわしい地位を占めるよう努力を続けなければならないが、まさにそのためにこそ、こうした厳しい闘いが期待された結果をかならずしも生まずに終わった理由を検討することが、やはり必要である。私は『植民地人の肖像』の締め括りに、「すべての面で自分を取り戻した旧植民地人は、他のみんなと同じ人間となるだろう」と書いたが、さらに、「もちろん、人間のあらゆる幸福と不幸をもった人間」と付け加えた。今なお、不幸の比重が大きいと言っておかねばならない。

独立して間もない頃すでに、注意深く、好意的な眼差しを向けた人たちは、旧植民地人の根深い貧困と怠慢を憂慮していた。五十年経った今、実質的に何も変わっていないか、さらに悪化していることさえある。その診断は、とりわけブラック・アフリカを対象としていたが、現在、大部分のムスリム・アラブ国家、ラテン・アメリカ国家が、十分な天然資源をもつ国も含めて、一向に良くなっていないのは明らかだ。数多くのアジアの国々も、一部の目覚ましい発展の例はあるとしても、飢饉とは言わぬまでも、栄養不良に悩まされ、繰り返し政変に怯えている。ほぼいたるところで、腐敗と専制、そこから生じる武力行使への絶えざる誘惑があり、重い伝統のくびきが精神を締め付け、女性に対する暴力、外国人排斥、少数派への迫害が続く。これら新生国家を苦しめている、化膿性の傷口を挙げていけば、きりがない。なぜかくもひどい事態になったのか。その結果、旧植民地人の容貌と行動にどんな影響が現れたか。こうした問いに対して、本書、現代の脱植民地人の肖像は答えようとしている。

この本は、ある意味では『植民地人の肖像』の延長でもあるが、前著と同様、宣伝文書や夢物語の類ではない。巻末で、なにがしかの未来の展望を検討し、仮説を紹介しているが、それを除けば、これは事実の確認である。描こうとしたのは、新しい現実、かつて植民地人であったが、もはやまったく、あるいはほぼそうではないのに、時折自分はそうであると思い続け、歴史の舞台に登場した人々の現実である。

前回と同じく、私が参考にしたモデルは、ムスリム・アラブ人、より正確には、マグレブ（モロッコ、アルジェリア、チュニジアの総称）人である。その理由は、私が一番よく知っているモデルであるというだけのことだ。私はマグレブに生まれ、大きくなり、時代の試練を超えて、かけがえのない愛着と友情を今も自分の内奥にとどめている。それとまた、かの地が現在、世界で最も多くの問題を抱えているということもある。ただ、私はできる限り、他の地の経験も参照し、とりわけブラック・アフリカ人、ラテン・アメリカ人、そしてアジア人との比較を試みた。正直に言えば、私はこの本を書きながら、脱植民地人の大半が、少なくとも部分的には、ここに自分の姿を認めることを、願っていた。誰にもそれぞれ特殊性がある。ラテン・アメリカの脱植民地化は、十九世紀の初めにすでに始まっている。この大陸の現在の住民の多くは血が混じっているし、植民者の末裔でさえある。彼らはキリスト教徒であり、したがって、ブラック・アフリカの一部に見られるような宗教問題はない。黒人は植民地化に加えて、奴隷制の犠牲にもなった。また、フランス語圏アフリカと英語圏アフリカとでも、異なる。とはいえ、植民地化を支配したメカニズムと同様、脱植民地化を支配するメカニズムは、相対的に言って共通しているという考えに私は傾いている。そういうわけで、現在、第三世界に代わって南側諸国という言い方が多くなっているが、それでは、制約がありすぎ、地理的すぎ、意味が不十分、そして、それに代わる言い方も見つからないので、私は、第三世界を使い続けている。

　この肖像は、三つの顔が組み合わさってできている。自国にとどまり、独立国家の新市民となった旧植民地人の顔、よその国、多くは旧本国で生きることを選んだ移民の顔、そして両親を受け入れた国に生まれた移民の子の顔である。同一人物のこの三つの側面は、それぞれ他の基をなしているとしても、ぴったり重なりはしない。だから、私は三枚組の絵を調整しながら作品を仕上げたのだが、それぞれの顔の内側にも、また三つの間にも、まとまりを失わぬように努めた。

　あるいは、この絵画に明るい色をあまり使わなかったと、批判する人もいるだろう。私が植民地人の怠慢と呼んだもの、ユダヤ人であることの不幸、大部分の女性の傷つきやすい立場にかんしては、私はすでに難詰されている。人々が好んだのは、プロレタリアがあらゆる美徳の模範であり、女性が人間性において特にすぐれているという考え方だった。植民地人が聖者でないように、脱植民地人もそうではない。まして、彼らは歴史の激動の時期を生き続けているのだ。どうして聖者でいられるだろうか。

この仕事を続けているうちに、いくつかのタブーに挑戦する必要が出てきた。そもそも、この検討作業は、脱植民地人の中のエリートが手がけるべきものだった。ところが、これまた明らかにされるべき理由によって、この人たちの思考も行動も奇妙な麻痺状態にあるらしく、彼らの責任放棄によって、時代遅れの連中の好き勝手が許されているほどだ。だが、この批判精神から発する闘いこそ、西欧の民主社会の容貌を形作るものであり、征服を続けたダイナミズムの根源にあるのだ。

旧植民地人の側に立って弁じる者も、この困難で、回避不可能な作業を行おうとする彼らの助けにはならない。擁護者たちは、民主派に手を貸すことも、まして手を組むこともしない。それなりに理解できるポストコロニアリズムの罪悪感を引きずって、逆に、八方美人を務めるつもりであり、この態度は大衆扇動に向かってしまう。一部のセンチメンタルなキリスト教徒やマルクス主義者の卵の場合に見られる例だが、罪悪感は、頑迷にまでいたると、害毒を流す。あるカトリック信者は、自分でも疑惑に悩んだあげく、旧植民地人が復古的な慣行や信仰を続けるのを励ますことが、道徳上、必要であり、巧みなやり方であると思っている。ある反教権主義の男は、司祭を槍玉に挙げるのを常としているのに、イマーム（モスクでの集団礼拝の指導者）には丁重な姿勢を守る。政教分離を守るために作られたある団体は、保守派、教権派との長い闘いのあとで、移民たちが宗教と世俗についてかならずしも厳密な区別をしていないことに気づき、「フランス共和制」の基盤そのものを再考した方が良いのではないかと考えている。その対極には、破局はほぼ最終局面を迎え、ヨーロッパではこれからあちこちに「コソボ」が生まれると考える人々がいる。新生国家との関係、移民問題についての政府指導者たちの一貫性のなさ、偽善と言わぬまでも慌てぶりも、並大抵のものではない。本当は、旧植民地人と接する、さまざまな旧本国人の肖像を何枚も描かねばならないところだ。それは私のテーマではないが、それでも、それらの特徴の一部は、本書の中でも、見られるはずだ。脱植民地人を手助けするとは、単に彼らにおそるおそる共感を寄せることではなく、自分に対して、また彼らに対して真実を言うことだ。彼らに本当のことが言えるのは、彼らがそれを聞くに値する人間であるとみなすからだ。

最後に、彼らのこの欠乏状態〔怠慢〕に対する最良の薬は、本物のバランス・シートを作成することであると、私は今も確信している。それが、まさに私が本書でやろうとしていることである。思うに、それこそ、旧植民地人に対して、そして今後彼らの必然的パートナーになる者に対して果たすべき最良の仕事ではないだろうか。

新しい市民

大いなる幻滅

植民地の終わりは自由と繁栄をもたらすはずであった。原住民は市民に生まれかわり、おのれの政治的・経済的・文化的運命の主人となるはずだった。数十年にわたって日の当たらぬところに押しやられていたのが、やっと自前の国として開花し、完全な主権を発揮するし、貧富の別はあれ、自分の労働と、自分の土地が地上・地中からもたらす産物を手にするはずだった。本来の特質をやっとのびのびと活かすようになり、自国語を取り戻して、おのれの独自の文化を表現し、豊かに実らせることができるはずだった。

まことに残念ながら、多くの場合、あれほど熱望され、しばしば苛酷な試練の代償を払って獲得した新しい時代に、なお支配しているのは、貧困と腐敗であり、大混乱でないにせよ暴力であることを、認めざるをえない。今の若い世代はもはや知らない独立直後の、記憶の霧のかなたにかすむあの日々は、はるかに遠い。ついに国のリーダーが出獄し、女たちの歓喜の叫び声に迎えられて首都入りし、男たちが頬をつたう涙を押さえかね、信じられぬ思いで、喜びの声を上げていた、あの日々。誰もが一つの同じ家族を取り戻し、自分がその一員であると感じた国民的再会の提灯の灯は消え、エゴイズムで青白く光る顔だけが残った。

たしかに、自分たちの中から出た指導者を頭にもつのは、強い励みになるし、植民者の旗に代わって、自分たちの旗が風にはためくのを見るのも、自前の軍隊の誕生を迎えるのも、自前の通貨をもつのも、他の国と肩を並べて自国の大使館と外交官が国を代表するのも、心躍る嬉しさである。しかし、誰もが大使や領事になれるわけではない。誰もが、新しい情勢を自分のために利用する能力があるわけではない。たしかに、それなりの努力が報われて成果を上げる例があることは認めるが、大部分の者にとっては、今なおスープの中身は変わっていない。変わったのは、主人だけ、しかも元の主人よりしばしばもっとひどい暴君である。新しい指導者階級は、新種のヒルさながら、さらに一層貪欲なことが多い。

実を言えば、少なくとも経済にかんしては、予測すべきだったのだ。反植民地闘争のリーダーに、社会計画の詳細を尋ねると、気乗りのしない答えが返ってきた。「今はその時ではない。いずれ、解放のあとで、わかるよ」。おそらく、その時ではなかっただろう。他に緊急を要することがあった。しかし、そのあとも、何も見えてこなかった。少なくともアラブ諸国の場合、民族ブルジョワジーが、その技術的・文化的水準の高さ、有能さからして、唯一、国民の利益のために共同事業の管理をきちんとなしとげると、期待をかけることができた。だが、それは夢にすぎなかった。彼らがしたことは逆に、特権を手に入れ、その特権の力を強化するための政治・行政システムを組み立てることだった。植民地で流布していた皮肉なジョークに、植民地人の中から選ばれる長、族長の主な役目は、山羊である植民地人の角をつかんで、具合よく乳を搾ることだ、というのがあった。独立政府になって、新たに任命された族長は、指導者のために同じ仕事を果たしている。偽善的なイデオロギーとは無関係に、階級間の関係、他国との関係を律するのは、強奪であり、博愛精神ではない。地域のブルジョワジーだけがその例外で、無私無欲であるはずがあるだろうか。特権階級がおのれの特権を放棄するのは、すべてを失う脅威にさらされるときだけである。

逆説的な貧困

しかしながら、貧困は宿命ではない。多くはないが、その例はちゃんとある。石油の出ない小国チュニジアがそうであり、今後に期待をもたせる例として、大国、中国とインドが、貧困との闘いに着々と実績を上げている。やはり必要なのは、うち勝とうとする意志であり、賢明な手段だった。数年前、われわれが第三世界のある国の大使と親しく会って、会話を続けている折、彼の国の貧困と闘う努力に話が及んだ。その努力こそ、一番大事であると、われわれは思っていた。何とお人好しだったことか。彼の当惑気味の答えは、自分の政府はもっと他に重要な問題を抱えており、いかにそれをうまく解決したかということだった。われわれがそこで気づき、驚いたのは、多くの第三世界の政府にとって、貧困の解消が主要な関心事ではないことだった。指導者たちは、貧困が国民をむしばむ一番の災厄であると思っていなかった。だが、自明のことながら、貧困は無知と迷信の温床であり、習俗の停滞、民主主義の欠如、不衛生、病と死の根源である。

たしかに、惨めな暮らしにも程度がある。マグレブやエジプトの農民は野菜入りクスクスやソラマメ料理をふだん食べられるが、他の国では毎日とはいかない。北アフリカで、観光客が勇を奮って、冷房完備のホテルやバカンス・クラブの奥まった豪華なキャンプ地から抜け出し、一般民家に入ってみるとすれば、突如、恐怖の光景の前に立たされる。煙がくすぶる小屋の中で、女たちが洗い桶の汚い水で野菜をゆすぎ、直接地べたの上で煮炊きする様を、どうして忘れられるだろうか。あるいはまた、黒檀の人形のように可愛らしい子どもたちが洟をたらし、お腹を丸出しにしている。彼らは幼児死亡率を上げるのに貢献する。カモシカのようにすらりとした少女たちは、大勢、抗生物質が手に入らないために、お産のときに命を落とす（以前、抗生物質はいつもあるわけではなかった。今はあるのだから、彼女たちを救えるはずだ）。ありふれた光景だが、大通り沿いに、はち切れそうに太った女たちが一日中、並んで座っている。その前に木箱の屋台があり、何キロもの果物や野菜が買い手を待っている。彼女たちはその上がりで家族の夕食を整え、明かりと煮炊きのための石油を少し買えるのだ。国の内部に足を踏み入れてみれば、栄養不良と病気がいやでも目につく。もちろん、昔ながらの文化、魔術的な慣行、想像と幻想に溢れたしきたりが人々の心を支えているが、それがまた、彼らが極貧から抜け出せない原因でもある。

なぜこうしていつまでも災厄が続くのだろうか。天然資源に欠け、十分な人材もいない国についてはひとまずおくとして、石油の溢れ出るベネズエラやナイジェリアで、どうして少なくとも国民の二〇パーセントが限度以下の貧困の中で暮らすのか。ジンバブエは地下にダイヤモンドさえ保有する国だが、住民の五〇パーセントは極度の貧窮状態にある。人口の四、五倍の食糧をまかなえるはずの豊かなアルゼンチンで、どうして子どもたちが学校でも街頭でも空腹のために失神するのか。自由業の人々が、浴室で鶏を飼ったり、細君手作りのケーキを売ったりするところまで追いつめられている。北朝鮮では、人口の三分の一が世界の食糧援助でかろうじて生き延びる。インドは穀物の生産量世界一を争う国なのに、これまでのところ、貧しさの程度ははなはだしい。こうした国々はほとんど発展していないばかりか、しばしば貧困化している。これはむしろ、〈低発展〔開発〕途上国〉と呼ぶべきだという意地の悪い冗談もある。アルジェリア、クエートがこれに当てはまるし、とびきり富める国、サウジアラビアも、国民一人あたりの収入が一九八〇年以来、六〇パーセント減少しているのだから、その範疇に入る。ノルウェーはかつて、ヨーロッパ最貧国の一つだったのに、炭化水素資源があることがわかり、最も富める国の仲間入りをした。同じ時期に同じ莫大な資源を見つけたアルジェリアが、どうして深刻な貧困状態にとどまっているのか。メキシコもやはり石油の大生産国であり、しかも第一級の観光資源にも恵まれているのに、どうして周期的に危機に陥り、破産状態を迎え、外国の債権者に負債の軽減を懇願しなければならないのか。二〇〇三年、アルゼンチンは、債務の四分の三を一方的に取り消すと宣言した。個人の関係なら、これは詐欺行為であり、裁判沙汰になるだろう。

以上が逆説である。第三世界は、少なくとも総体的には貧しくはないのに、衰弱死しつつある。もし欠陥だらけで、無茶苦茶で、恥知らずな組織と分配に苦しめられなければ、これらの国には自国民の要求に十分応じられるものがあるのだ。いまだ封建的な秩序の上に築かれている世界で、罰当たりな、というか単純すぎる質問をあえてしよう。中東において、ベドウィン族の数家族だけが、たまたま宿営した土地の下にあった、目のくらむような富をどうして独占し、利益を懐に入れるのだろうか。もっとも、アメリカの開拓者についても、同じ問いを発することができる。どうして人間共同体のすべてのメンバーが自然の贈り物を受けられないのか。こうした夢物語はやめるが、どの大陸も、たとえどんなに貧しく見えようとも、すべての住民を養うに足るものをもっている。それなのに、なぜかくも惨憺たる現実があるのか。

腐敗

この劇的不条理の原因を挙げていけば、きりがない。多くの要因が絡んでいて、技術レベルの低さ、技術者の数の不足、幹部人材の欠如、時代遅れの制度・文化、猛烈な国際競争、苛酷な気候などがあるが、ほとんどどの国にも共通している原因が一つある。これらの国はみな、同じ病に冒されている。腐敗である。腐敗は第三世界に特有のものではない。普遍的なものである、というか、そうなってしまった。腐敗は、西欧の最も古く、最も尊敬に値する国々にも広がり、スキャンダルが次々と起きる。取引がすばやく、瞬時に行われるようになって、腐敗が容易になったのだ。株式市場は、経済情勢の心棒であり、指標であって、それぞれの利益の最良の調整・管理役であるはずなのに、最も脆弱な者、最も情報から遠い者、したがって最も貧しい者から搾取する機械と化した。それでも、そこではまだ腐敗は恥ずべきものであり、隠されている。この点で、それほど神経の細かくない新生国家では、腐敗は厚かましく、むき出しであって、ほぼ制度としてみなに認められ、許された賄賂のようなものである。青物の屋台商からナシ一袋、アーティチョーク一束を受け取る警官がいれば、農業機械を輸入する許可証を得るため、あるいは大臣との面会を取り付けるために役人に配当を払う輸入業者もいるし、道路の通行料を要求する交通取締官もいる。現在のマダガスカル大統領は自分の国を食い物にしたが、それは公然たる事実であり、おまけに偉大な保護者であり友人であると思われているフランスのお墨付きを得てのことだった。腐敗はあまねく広がり、すべてを、みんなを変質させる。その中には、そこから雀の涙ほどのおこぼれを受け取る下層民も含まれる。彼らは媚びへつらうか、諦めきっているか、いずれにしても共犯的犠牲者である。腐敗は富める国にも貧しい国にも付き物だが、往々にして、腐敗が大がかりであるほど、貧しさは極端になる。ナイジェリアはアフリカで一番豊かな国だが、国民の貧しさは、世界で一、二を争う。この国は、同時に腐敗の汚染率が最も高いのだ。カメルーンはおそらく世界で最も腐敗した国だろうが、貧乏人の数も一番多い。さらに一般化して言えば、こうした貧困と腐敗の破壊的な同時性にかんして、もし等級をつけるなら、ブラック・アフリカはトップの座を占めるだろう。

腐敗は単にモラルの上で糾弾されるだけではない。それによって社会組織がばらばらになり、その状態がいつまでも続くのだ。腐敗はおよそ創造というものを妨げ、自発性と努力を必要とする改革を台なしにする。企業を設立するよりも、取引、それも時には架空の取引や、国際援助から法外なリベートを取り立てる方が、はるかに簡単に、時間がかからずに利益を上げられる。だから、援助の多くは目的地に届かないのだ。粉飾決算や賄賂で、完了することのない、いやそもそも開始することのない大工事計画を打ち上げた振りをする方が、ずっと楽である。あるいはまた、政府借款でキッチュな豪華ホテルが建てられるが、ほぼ無人のままである。借金は最初から返すつもりはない。もし公権力が目をつぶらなければ、直ちに監獄送りを出す「資金計画」のおかげである。同様の不正操作が、イスラムであれ、キリスト教であれ、どのアフリカ諸国にもあり、カトリックのメキシコにも、徳高きイラン・イスラム共和国にも、政教分離民主主義国のインドにもある。周期的に、どこかの国家元首が放埒な腐敗と闘うつもりであると厳かに宣言する。まるで泥棒が秩序を確立すると言い張るみたいだ。警視総監に変装したアルセーヌ・ルパンである。

同じメカニズムが働いて、こうした乱脈、怪しげな放任主義、黙っていても懐に入る、ありがたい儲けは、国の中で再投資されることはない。再投資が行われて、初めて健全な経済が正常に機能するのだが。概算だが、収入の四〇ないし八〇パーセントが違法に、しかし、同じうまい汁を吸う政府幹部の暗黙の了解の下に、外国の秘密口座に送金されている。このようなやり口で、石油収入のうちのどれくらいが、ロンドンやニューヨークの不動産投資に向けられているか、誰にも計算できない。しかも、公的資金と私的資金の境界が定かではないのだ。イラク戦争において、すでに周知の事実が白日の下にさらされた。イラクの国家元首、サダム・フセインが世界最大の富豪の一人であることだ。彼がその財産を故郷の村で作ったわけでないことは、確かだ。

こうして不毛な出血が止まらないから、今日、自立的な発展の条件である産業が育たない。悪循環で、発展がなければ、有効な投資の機会がない。地方資本にせよ、外国資本にせよ、投資家は要するに、有利な投資をするのを目的とする。こうして、直接使える資本が少ないから、いつまでも低開発が続き、低開発だから、潜在的投資が先細る。新生国家は、自分の国に外国の有産階級が関心を示さないと嘆くが、自国の金が投資を控える国に、どうして外国の金がそうするだろうか。

その上に、社会・政治環境が、気がかりとまではいかずとも、不安定なことが多い。つまり、資本不足が不安定をもたらし、不安定は暴力を生む。十分な数の安定した雇用を作り出せないから、慢性的な失業の不安を抱える。イラン、イラクの失業率は四〇パーセント、しかも女性のほとんどはすでに雇用市場から閉め出されているのだ。どこかの村を通れば、かならず仕事のない若者たちがずらりと、トカゲのように壁に張り付いている。諦めた人間特有のユーモアで、彼らはヒッティットと呼ばれる。アラビア語で壁を意味するヒットから来ていて、壁を守る男である。石油の収入にもかかわらず、アルジェリア国民の三分の一、特に若者は失業していて、時折の半端仕事、その日その日のやりくりで、何とかしのいでいる。彼らが頻繁に騒ぎを引き起こすのは、当然の成り行きだろう。だが、たちまちひどい仕置きを受けてしまう。こうして、国の富み方が不自然だと、国民は間接的にすらその富の恩恵を受けず、それどころか、大部分は貧しくなっていく。

　それにつながる、よくある不幸な反応で、才能のある者、免状をもつ者、技術者は、現地で働く口がないから、国を離れ、おのれの能力と技を活かす道を外国に探しに出かける。それで、国内の有能な人材は枯渇する。人間の流出は資本の流出に劣らず悪影響をもたらす。経済的低開発が技術的・科学的低開発の原因となる。宗教にばかり重点を置き、技術訓練がおろそかな教育のために、資格のある中流階級の形成が進まない。こうして、金持ちと貧乏人の間の溝は、埋まるどころか、ますます広がっていく。アルジェの街をちょっと歩いてみれば、貧しい地区の建物の荒廃ぶりが嫌でも目に付き、以前はヨーロッパ人が住み、今は成り上がりの金持ちのいる高級住宅街との格差ははなはだしい。まとまった労働者階級がいないから、しっかりした組合運動が生まれず、社会正義が働くのではなく、古い家族主義が幅を利かせ、温情を装った隷属という形を取る。女中は、これまでと違い、ファトマ（植民地時代、マグレブのアラブ系女中の呼び方）という自分の名を拒否し、女主人と同じような、ワルダとかネイラと呼んでくれと言うが、しかし、あいかわらず低賃金であり、いつ首になるかわからない。ヨーロッパのかつての慈善活動に熱心な御婦人方のように、雇い主は従業員と食事を共にし（年に一度のクスクスだが）、ラマダンの折にはなにがしかの金を贈るが、給料を上げもしないし、彼らに一年中腹一杯食べさせることもしない。金持ちになるのは別に恥ずべきことではないが、しかし、それには、他人を搾取しないという条件が付く。これらの不幸な国々はどうかと言えば、羊毛の刈り方は無慈悲そのもの、羊の背にもうほとんど毛がないのに、まだ刈り取るのは、驚嘆に値する。

政府は、他に仕方がないので、民俗芸能、手工業、観光を奨励する。観光はまだ良いとしよう、お腹を空かせているよりは、召使いでいる方が良い。最近の経済的成功の例に挙げたチュニジアにおいても、稼ぎの少なくとも三分の一は観光に由来する。しかし、これは正しくない解決である。それでは、経済の不自然な性格がいつまでも残り、先進国への依存が続くことになる。低開発国は相対的独立に向かって決然と踏み出すのではなく、先進国の顧客、時に追従的、時に反抗的な客となる。独立するにはまず、既成の構造との関係を断ち、思い切って未来に飛び込む勇気が必要とされる。天の恵みである石油も、もしより多様な経済を推進するのに使われるのでなければ、第三世界を救いはしない。コンキスタドール（十六世紀初め、新大陸を征服し、アステカ文明やインカ文明を滅ぼしたスペイン人）がもたらした黄金の氾濫が思い出される。スペインは繁栄を得たかに見えたが、逆に、いびつな肥満体になった。

ペテン師と専制君主

このようなペテンを受け入れさせるには、幻想を信じこませるか、場合によっては強制するかして、こうした不公平な秩序を押し付けることのできるペテン師が必要だった。富裕層はそのことをすぐ理解し、つねにその用意を怠らなかった。第三世界の国々は、きわめて稀な例外を除いて、そういうペテン師をトップに据えてきたし、今もそうである。新体制の利権を貪る者は闇に隠れたままだが、彼らは専制君主の生みの親だ。こうした体制は透明性からはおよそ遠い。システムが動いている限り、これらの偉い代理人は自分たちの隠れたゴッドファーザーの祝福を受け続ける。そういうわけで、外見上の政治指導者の任期は異様に長く、不安定な未来をもつ国の逆説で、彼らは長命である。下々におなじみのユーモアで言うと、専制君主は棺に入るとき、権力の座を降りる。彼らは国民から権力を受け継いでいるわけではないから、民主主義に付き物のリスクである国民の気まぐれな反応に従わなくても良い。それに、彼らが毎日堂々と振る舞い、期待されている仕事をきちんと果たしている以上、彼らを交代させる理由はない。何度かクーデターをくぐり抜けても、静かに儲けを殖やしてくれる秩序を、彼らはしっかりと守っているのだ。

君主たちはその代わり、たとえ外見上とはいえ、権力をもつ喜びに加えて、相互的なマフィア機構の働きで、自分たちも同様に豊かになる可能性を代償として得る。だからこそ、できるだけ長く居座ろうと躍起になる。ポストのうまみがありすぎるので、必死でしがみつこうとする。彼らは身内の利益も図る。かくして、君主の妻、息子、甥が儲かる企業のトップの座に就くか、名義貸しという方法で利益を上げる例が、数知れずある。縁故主義がマフィア体制に固有の特徴であることは、よく知られているとおりだ。石油の管理経営責任者は、まず国家元首の近親者に間違いない。逆に形式上、財務大臣の席に就く者は、国家収入の額さえ知らない場合がほとんどだ。専制君主は、利権を身内と寵臣に大盤振る舞いすることで、さらに身の安全を確かなものにする。それどころか、時間軸における連続性の確立も図る。クメール・ルージュのポルポトの息子は、否応なく父親の後継者に指名された。シリアのアル・アサドの息子は、父親の跡を継いだ。エジプトのムバラクは、最近、息子がいることを明かした。体制の安定性を確保するのに、最良の位置にいるのは誰か。息子がいない場合は、精神的息子、腹心がその役を務めるだろう。ムバラクはサダトの腹心、サダトはナセルの腹心ではなかったか。モロッコは幸いにもそんな心配はしなくても良い。長く続いているスルタンが王国の運命を保証している。

こうして、専制君主は、マリオネットの場合と同じく、不死身で不滅であるとは思わないとしても、自分で自由に動いていると思いこむ。それに、彼は身内の後継がずっと続くことを期待して、競争相手が現れそうな気配が感じられるや、合法・非合法あらゆる手段を使って、排除し、自分の権力を安全なものにしようとする。網の目を張り巡らせた警察組織、投票時の脅迫、開票のごまかしで、完璧な全員一致を演出するから、外国の物笑いになり、自国民の怒りを買う。おまけに、現代の独裁者に供せられる恐るべき手段、メディアを意のままにできる。このコミュニケーション・表現・説得の技術を、彼は臆面もなく使うことを覚え、得意になってばかにするほどである。新聞雑誌はそっくり彼の栄光のために奉仕する。その代償は高くつく。きつく口を封じられ、選択の自由を奪われ、限られたテーマを絶えず繰り返すだけだから、無味乾燥な、生彩のないものになる。そもそも新聞雑誌が読者を納得させようとしているか疑問であり、それはどうでもいいことなのだ。反対の、つまり危険な報道はすべて排除され、国民と世界の真実は存在しないか、隠蔽されているか、あるいは偽情報である。よそではもっとひどいという説明が用意されている。世界中の新聞雑誌がユダヤ人の手中にあるではないかと。過去の都市に並んでいた君主の像は、新型君主の石像、ブロンズ像、肖像画の氾濫に比べれば、古めかしい。立像もあれば、騎馬像もあり、平服も軍服もあり、民族服もあれば、ブルジョワの三揃えもあるこれらの像は、およそ利用可能な空間に満ちている。この徹底した宣伝工作は、テレビという最高の道具を発見した。君主の像は三次元であり、動くのだ。彼は動き回り、微笑み、励まし、慰めてくれる。守護神よりもぴったり寄り添ってくれる。一日たりとも彼が家の中にいないことはない。それも、以前のような壁にかけられた動かぬ像だけではなく、集会を司会し、診療所や宗教施設の落成式を執り行い、国家行事を祝う姿としてある。行事は現在、過去、未来にかかわるが、その未来は、彼の姿そのものであり、光り輝いている。それに、威風堂々のさまざまな仕掛け、中央大通り沿いに並ぶ街灯、誇大妄想的な記念碑、問題だらけの壮大な企画が、泥だらけの小路、汚物の山、有効な下水溝システムの欠如を忘れさせてくれる。

暴君、狂信家、軍人

それでも、どんな体制も、たとえ完全な警察国家でさえ、外部と遮断し、予期せぬ動揺を免れるわけにはいかない。裂け目が現れ、そこから白熱した溶岩が流れ出すことがある。専制君主はたえず警戒をゆるめず、存続を図り、予防措置を強化するから、暴君に変貌する。暴君のみが、熱いか冷たいかはともかく、永続的暴力として、抑圧機構を維持できる。彼は内側と外側の両方をロックする。ジャーナリストがそれにかんしてあえて何か言おうものなら、たちまちぶち込まれる。お望みの方はいつでもどうぞ、というわけだ。彼は宮廷革命を防ぐために、側近も、大臣も、将軍も、全員に警戒の目を向けなければならない。その上、新生国家のまた別の二種類の勢力、狂信家と軍部と手を組み、恩顧と便宜を供するよう努める。

しかし、狂信家との提携は、インチキなポーカー・ゲームだ。どっちが勝つか、最後までわからない。守銭奴はお金にしか関心がない。必要なら、悪魔と休戦して取引に応じるだろう。狂信家の方は、身も心も、すべてを要求する。彼らだけではない。全体主義者はみな、同胞の生活のすべてを管理しようとする。例えば、女性の着用するスカーフは、もはや女性にとっての便宜とか、ファッションといった次元のものではない。スカーフは、カトリックの修道女の場合と同様に、女性性のより全面的な制限の表現であって、頭から爪先まで、スカーフと手袋とガウンで覆われているから、自己を表現することもできず、ただ目を出すのだけが許されている。男性の手に触れることも、男性の賛嘆の的になることも禁止され、男女関係にも強制が重くのしかかる。つまり、スカーフは男性にとっても制約であり、男は女性性との接触をいっさい断たれている。アルコールを飲むのも、世俗の音楽を聴くのも、絵を見るのも、同様に禁じられる。欲望は痛めつけるもの、生の感覚は包み隠すものなのだ。専制君主はそのことを知っているから、このパートナー・ライバルをぴったりと監視する。もし狂信家が権力を握れば、地位は逆転し、君主は滅びる。君主と狂信家との最終的同居は不可能なので、君主は時に彼らの機嫌を取り、時に彼らを締め付ける。しかし、彼らはつねに機会をうかがって、時いたるのを待っている。こうして、一見平穏なモロッコにも、彼らが「ムスリム同胞団」と名乗っているエジプトにも、原理主義者が髭を剃っているか、髭を気づかれぬようカラーの下に隠していると揶揄される、賢明なチュニジアにさえ、狂信家は存在している。アルジェリアでは、危うく彼らに呑み込まれそうになった権力は、慌ててもう一つの権力、軍部に助けを求めた。

軍人は身を隠すどころか、その制服姿、武器、勲章、芝居がかった儀式で大衆を痺れさせることができる。旧植民地国家で、権力に就いた軍人のリストを作れば、見物である。エジプトのナセルは、リビアのカダフィと同じく、大佐だった。アルジェリア共和国初代大統領ベン・ベラは、フランス軍の下士官だった。そのためか、柔軟さに欠け、命令口調が抜けなかった。彼に取って代わったのは、最初のアルジェリア正規軍司令官ブーメディエンであり、やがて現在の将軍団によって交代させられる。チュニジアのブルギバは文民ではあったが、最後にあらゆる権力を手に入れ、そしてベン・アリ将軍に倒された。この将軍は今もずっと権力の座にある。モロッコの国王、スルタンたちは職業軍人である必要はない。彼らは好戦的なベルベル人の部族によって支えられている。それに、スルタンには絶対的権利があり、神から授かった聖俗かねあわせた威信をもつ。ラテン・アメリカでは、アルゼンチンのペロンは、夫人の魅力のおかげもあり、懐古的な民衆の人気者だったが、もともと大佐だった。ベネズエラの現大統領フーゴ・チャベスは中佐である。七〇年代、アルゼンチン、ブラジル、ボリビア、チリ、ウルグアイなどにおいて、権力は軍人の手にあった。文民が軍人なしでやろうとするときは、自分で軍人になり、昇格する。民主体制におけるような原理上の軍最高指揮官では満足せず、実際に指揮することを望む。革命家スターリンは元帥に変身した。共産主義者チトーがその真似をし、ウガンダのアミン・ダダはその戯画となった。彼らは間違っていなかった。軍服で歴史に登場する方が迫力を増すのだ。カストロも毛沢東もその服を脱いだことはない。実際、軍ほど独裁体制を強化するのに効果的な道具を与えてくれる組織はない。本質的に従順に訓練され、しっかり序列化され、議論せずに服従し、指揮することを学んでいるからだ。建設中の国家では、諸制度はまだ安定していない。軍は教会と同様、国家の中の国家のようなものであり、国家よりもしっかり構造化されている。イスラエルも民主国家とはいえ、その点では同じである。

だが、この連携にはやはり危険がつきまとう。軍と専制君主の間で演じられるのは、もう一つのいんちきポーカー・ゲームだ。軍の安定した組織はそれ自体、信頼感を与えるが、ある種の自立性への傾きも生む。暴君は生き残るために軍を必要とするが、軍は暴君を必要としない。それに、軍人というのは力のプロであり、戦争は彼らの存在理由である。彼らは暴力の世界で、一番上に立つのにふさわしい。どうして、今度は政治権力を自分の手に入れたいと思わぬわけがあるだろうか。どんな無能な伍長でも、自分の雑嚢の中に元帥杖が入っていると思う。軍人の野心には、それなりの言い訳もある。何でも起こりうる不安定な体制では、まさに危険を防ぐ措置を十分に講じなければならない。疑いのない権威をもった強い人間だけが、明らかに弱すぎる君主の交代を保証することができる、という言い訳だ。どんな内気な軍人でも、数千人のならず者、得意げにカラシニコフを手にした若者たちを率いることができれば、軍人上がりの権力者の襲撃に踏み出せる。

つまり、体制をあらゆる試練から守る土台と思われていたものが、やはり巻き上げ機の鎖の環にすぎないことがわかる。というのは、軍人というのは、力があれば支配できると思い、身の毛のよだつような流血の場面にもたじろがない、愚かな犯罪者であることが多いのだ。だから、鉄壁をうたわれた軍事体制で、その無能性が明るみに出て、次々とクーデターが起こることになる。それに対して、民主体制で権力が比較的安定しているのは、それが押し付けられたのではなく、国民の一時的委任によって正当化されているからに他ならない。軍人の権力は、別の反逆者がそこに手をかけ、それに代わるもう一つの疑似正当性を作ると、たちまち崩れ去る。

ごまかし、アリバイ、欺瞞

いたるところに、ごまかし、アリバイ工作、欺瞞が溢れていることがわかる。スパイク・リーのアメリカ映画『ドゥ・ザ・ライト・シング』（一九八九年。ブルックリンのピザ・パーラーを舞台に人種差別を描く）が伝える現実を、何人もの友人が私に確認してくれた。アジア人だったか、イタリア人だったか、ハーレムにレストランを開く。営業時間は弾力的で、懸命に働く。家族全員が仕事をして、人を雇って給料を払わぬよう、税金を減らすよう努める。その結果、やがて、みんなまずまずの暮らしで息がつけるようになる。地域の黒人たちは、最初のうち、冷やかし気味だったが、怒り出す。店主が自分たちの金を巻き上げると言って、非難する。代わりに、ピザや、ネム（ベトナム風揚げ春巻）、スシを受け取ったはずなのに。しばらく諍いが続いたあと、彼らは店に火をつける。なぜ黒人はアジア人やイタリア人と同じようにしないのか、と私の友人が尋ねたことがあったが、それにはいらいらしたような答えが返ってきた「あの連中は助け合っている。この国に着けばすぐに、仲間が面倒を見てくれる。いろんな組織があって……」。なぜ黒人は自分たちの組織をもたないのか。漠然とした説明として、自分たち黒人の〈性分〉に合わないとか、およそ組織というものが大嫌いなのだとか、言う。さらにしつこく聞くと、〈本当の〉理由が出てくる。「だって、われわれは奴隷だったんだから」。これには、尋ねた方はびっくりしてしまう「でも、あなた方はもうずっと前から、奴隷ではないでしょうに……」。

アメリカの黒人は脱植民地人ではない。もっとも、植民地人と共通の特徴があったように、脱植民地人の特徴の一部はある。けれども、それは同じ遁辞に属する。またもや歴史の過ち、やはり変わらず白人の過ちというわけだ。痛苦主義（苦痛に精神的価値・効用を与える学説）は、苦しみを誇張し、その責めを他に負わせる自然の傾向である。偽の犠牲者がいるし、偽の植民地人がいる。脱植民地人と同じく、黒人は、この痛苦主義をやめ、アリバイにすぎないこの疑似説明を振り払わないかぎり、黒人の条件を正しく分析し、それに従って行動することができない。

暴君は、こうしたごまかしを念入りに育てようとし、一部では成功する。文民出であれ、軍人出であれ、暴君が国民から一様に嫌われていると考えてはいけない。たとえ谷に引き込まれるとしても、リーダーの後に従う水牛の群れの場合と同様に、人間という動物には、群集心理がある。文化・科学・技術の高いレベルにあったドイツ人の圧倒的多数が、アドルフ・ヒトラーに従って破滅に陥り、文明世界を唖然とさせた。旧植民地人の国民は、社会組織のトップを失い、中間に位置する組合も政党もなく、いわばものを見る目も、ものを聞く耳もなかった。暴君は、武力行使でたまたまその地位に就いたが、とにかく、秩序の代理人であった。その上に、アミン・ダダも、サダム・フセインも、たとえ血にまみれた独裁者だとしても、西洋に対する抵抗を体現し、とにかく、新しい権力の代表だった。欺瞞は、ふさわしい舞台の上に成立する。

専制君主は国民に、彼らの不幸の原因は他国のせいであり、自国の乱脈とか、経済の不統一とか、行政の混乱とか、国民の怠慢のせいではないと、必死で説得しようとする。もし説得に成功すれば、その恩恵は二重になる。脱植民地人の苦しみは外国支配の今も残る結果に他ならないのだから、脱植民地人は罪悪感から解放され、暴君は無罪放免となるのだ。暴君の怠慢、失敗、時には犯罪も、不当で暗い共通の過去によって定められている。脱植民地人が、かならずしも自由国の自由市民でないのは、以前の宿命に翻弄され続けているからだ。その経済が衰弱し、政治が不平等であり、文化が化石化しているとすれば、それはつねに旧植民者の責任であり、新しい主人による国家の生産物の計画的横流しのせいでも、現在と未来へと通じる道のない文化の硬直性のせいでもないのだ。

あるいはまた、この停滞は世界資本主義の新たな陰謀の結果だという。「新植民地主義」が以前の植民地主義体制を引き継いでいるそうだ。申し分なくあいまいなこの表現は、ぼろ隠しと弁明のために役立つ。植民地化が前提とするのは、本国、現地に定住する植民者、経済開発、富の独占的支配、直接経営、対外政策の取り上げである。植民地化はあらゆる分野での略奪であって、もうその点では議論の余地はない。大事なのは、この植民地化のうちの何が残っているかを見ることであり、もはや存在しないものまでも、そのせいにしないことである。ところが、いわゆる新植民地主義を持ち出せば、すべての説明がつき、世論の同情をかき立てられる。そこで、合衆国は、「大悪魔」となり、現在のすべての不幸の原因であるとされる。この国がむしろ脱植民地化を助けたのは、善意の表れではなく、植民地直接経営が時代遅れであり、費用が高くつくと判断したからである。それと多分、彼ら自身が植民地人だったからだろう。彼らは世界中に、彼らの商品の流通を良くするための自由貿易システムの設立を願った。逆に、彼らが無関心だったのは、以前の植民地人と新たな顧客の政治体制であり、それがファシスト体制でもかまわなかった（これは、ずいぶん非難の的になった）。彼らがベトナムで戦争を起こしたのは、ベトナム人が独立を要求したからではなく、共産主義を奉じ、ソビエト・ロシアの前衛であるベトナムがアジアにおける自由主義の拡大を脅かしたからである。

過去においても、植民地化には、相応の責任があるにしても、すべてについて責任があったということではない。飢饉はそれ以前から存在した。腐敗は、ヨーロッパによる植民地化の前にさかのぼる。数世紀にわたってアラブ世界を支配したオスマン帝国において、給料の低い、あるいは無給の役人たちは、征服した住民から、代償を吸い上げていた。西洋による植民地化は、確固たる意図があったわけではないが、文明間の接触によく見られる例で、技術、政治、さらには文化の面での何らかの飛躍の機会でもあった。南アフリカは、多くの領域で、過去に獲得したものの上に立って生活し続けている。植民地化が植民地人の発展を阻害したとしても、それ以前の衰退を生んだわけではない。とりわけイスラム・アラブ世界が、何世紀も続いて拡大し、見事な花盛りを見せたあとに凋落したのは、歴史の謎の一つである。いくつかの原因が挙げられ、まだ他の説明があるだろう。端的に言えば、どんなに輝かしい文明も、いずれは終わりを迎える、ということだ。今、実りある作業は、なぜ脱植民地化がこれまでうまくいかなかったのかを分析することだろう。植民地の木が苦い実しかつけなかったとしても、なぜ民族独立の木ができの悪い実しか結ばないのか。なぜ宗教と政治を分離し、技術的・科学的革新の条件である批判精神を解き放つことに、また女性抑圧を軽減し、遅れた教育を改革することに、依然として成功しないのか。

おそらく、何事にもそれなりの理由がある。新生国家の現在の顔には、いまだ植民地の過去と自己自身の過去の両方の刻印が押されている。旧フランス植民地では今もフランス語が、旧イギリス植民地では英語が、ブラジルではポルトガル語が話される。それはかならずしも悪いことではない。インドやヨルダンの将校は、イギリスの将校と同じ、きつめのベレー帽をかぶるし、アフリカの突撃隊はフランスのパラシュート部隊のベレー帽をかぶる。このベレーはアメリカ人からの借用である。たしかに、国家が棲息するジャングルでは、強者が弱者にルールを押し付け、収奪できる限りのものを取ろうとする。しかし、植民地化されなかった他の国々にかんしても、事情は大して変わらない。国際関係が同情や博愛精神に則っていないことは確かであり、おそらく別の種類の支配力が働いているのだろう。きちんと分析する必要があるが、もう植民地化や新植民地化は関係がない。植民地化は過去に数々の罪を犯したが、それとは別の罪の責任まで押し付けるのは、意味がない。

新生国家の独立からすでに五十年が過ぎた。自己を変革し、もし本当に自分で望むなら、過去の隷属状態のマイナス面を消去するのに必要な時間は十分あったはずである。大英帝国のメンバー国は離脱しないよう強制されただろうか。まさにこの点に、胸の痛む現在の問題がある。どうしてこれらの国家は、自己を実現するのに必要な力を見出せなかったのか、自己の内部に見出そうと思わなかったのか。自分たち自身の過ちを考えないなどということが、どうしてありうるのか。例えば、食糧農産物を犠牲にして輸出作物を選び、それが飢饉の原因になったかもしれない過ち。アルジェリアで農業を破産寸前まで追い込んだ無秩序な工業化の過ち。異常に高い出生率を奨励はしないまでも、座視した過ち、これには宗教的理由と西欧に圧力をかける手段として使うための両方がある。なぜ新生国家は旧植民国の援助をせがみ続けるのか。独立を要求しながら、旧本国の助成金の維持を願うのは、無理だろう。ブラック・アフリカが内紛の平定のために外国軍の介入を要請し続けるのは、嘆かわしいことではないか。コートジボワールに展開するフランス兵は、あの国を侵略したのではなく、地方政府に呼ばれたのだ。なぜ他のアフリカの国の援助を求めなかったのか。

第三世界の極度の貧困についても同様で、徹底した「略奪」の結果であるという説明が好まれた。だが、こうした言い方に現在なおどういう意味があるのだろうか。略奪とは、犠牲者の意に反して、代価を払わず財産を取り上げることである。本当に略奪があるのだろうか。石油の生産者に、彼らが世界に、最も貧しい国にも押し付けた価格で売ることを妨げる者は誰もいなかった。他の第一次産品についても同じである。競争が支配する世界では、強い者が勝つ。いずれの日にか、より人間的な国家関係が築かれる時が来るかもしれない。しかし、さしあたりの問題は、植民地化でも、略奪でもない。だからといって、腐敗体制に対する西欧の強大国の共犯関係とは言わぬまでも、現在の寛大な態度は、まったく許されるものではない。西欧諸国が、自分たちの工業製品を売り続けられるよう、最も反動的な体制を支持し、武器の購入を促すのは、新生国家の余剰通貨を吸い上げるための策略ではないかと疑われても良い。

しかし、資本主義体制の西欧が、第三世界のさらなる貧困化良しとしていると言うのは、無理である。もしそうなら、買い手がいなくなり、世界の危機は一段と高まるだろう。現在の秩序は、恵まれない者にとって不利である。しかし、なぜ新生国家は現状に甘んじているのだろうか。所有階級と指導者層は、改革が必要なことを本気で信じているのだろうか。彼らは、何も変わらないことを願っているのではないか、結局のところ、現在の世界の仕組みが気に入っているのではないかと、考えたくもなる。この問題には宿命などまずないので、本気で発展を選択した国々は、特にアジアで成功し始めている。アフリカではチュニジアが例外的に、やればできることを証明している。国民が理解不能な警察の圧力に苦しまされているのはいただけないが、字が読めぬ者はほぼいなくなり、女性の条件は著しく改善された。それでもやはり、この国の為政者は、貧困の真の理由が自分たちの内部にあり、したがって、変化が可能であることを知らないふりをしたいと思っているのではないだろうか。金持ちと専制君主は、とりわけ被支配者の注意をそらし、彼らの赤貧状態は宿命か、外国人の陰謀の結果であり、避けようがないと彼らに信じこませ、そうやって彼らの恨みの毒を消し、彼らの反抗を予防しているのではないだろうか。

まことに好都合な紛争

この点で、イスラエル・パレスチナのドラマは典型的である。もし人々がそれぞれの神話に絡め取られていなければ、その解決はずいぶん前についていたかもしれない。たしかに、パレスチナ人はイスラエル人によって支配されていて、その状況が続く限り、紛争がやむことはないだろう。どの民族にも他の民族を決定的に支配する権利はないし、そんなことはできない。ユダヤ人民族主義者、シオニストたちは、全パレスチナの面積にユダヤ国家を築くという夢を描いていた。おそらく、彼らはその夢を捨てて、パレスチナ人が多数を占める領土を離れるか、さもなければ、果てしないテロと相次ぐ戦争を甘受しなければならず、最後には、アラブ世界全体が求めているユダヤ人の滅亡にいたるだろう。おそらく、二つの国家の設立のための交渉による解決は、パレスチナ人・イスラエル人、アラブ人・ユダヤ人の双方にとって、たとえつまらないものであっても、有益なものとなるだろう。なぜなら、この勝負は、単にパレスチナ人対イスラエル人ではなく、ムスリム・アラブ国家のほぼ全部対世界の大部分のユダヤ人の間で闘われているからだ。パレスチナ人は、彼らが嘆くように孤立してはいない。彼らはアラブ世界の歩兵であり、もっとうまく犠牲になるようにとおだてられている。彼らにはアラブ二十二か国の支持があり、武器、資金、戦術上の助言が与えられている。数年前、アラブ外交は国連で、シオニズムを人種差別の変種であると糾弾する動議を採択させることに成功した。アラブ世界の現在の姿を見る限り、アラブ人が自分たちの独占的領地とみなす地域にユダヤ国家を建設することが名案であったかどうか、難しいところだ。彼らはこれまでこの国家を受け入れてこなかったし、いつ受け入れるようになるかも、そもそもいつか受け入れるかどうかも、予測できる者はいない。

しかしながら、イスラエルは、アラブ諸国家が信じさせようと躍起になっているような、植民地化で建てられた国ではなく、したがって、倒して当然という国でもない。それ自体、受け入れがたい、イスラエルによるパレスチナ人支配を除けば、この国には、植民地化の特徴は何もない。ヨーロッパの宗教的派生物、いずれキリスト教圏に飽きが生じ、地図から消える運命にある、十字軍王国（一〇九九年、十字軍はエルサレムを占領、エルサレム王国を築く）でもない。イスラエルは、パレスチナ人にとってのパレスチナと同様に、生きるに困難な条件と集団的希求に対応する民族的事実である。この願いは独自の想像力に突き動かされ、是非はともかく、この国をこの土地に結びつけている。そのように国連は理解し、二つの主権国家の設立を決議した。後ろに本国が控えているわけではなく、とことんやるには、この国を壊すしかない。イスラエルは壁に背を追いつめられても、戦い抜くだろうが、その破壊は、すべての当事者にとって恐ろしく高くつくだろう。イスラエルの壊滅がありうるとして、それはそれほどの大動乱に値するだろうか。それに、ドイツ人の歴史におけるナチスによる大虐殺や、トルコ史におけるアルメニア人大虐殺に匹敵するような、アラブ人の歴史における拭いがたい恥辱が生じないだろうか。

イスラエル・パレスチナ問題は、今日アラブ世界を悩ませている、人口、経済、政治、社会、文化、宗教上のとてつもない問題と比べて、その本来の大きさに戻して考えれば、他の多くの地域の中の小さな片隅の、小さなドラマであることがわかる。アラブ人の不幸は、当然ながら、イスラエルの存在から生じているのではない。ユダヤ国家が消滅したとしても、これらの難問のどれ一つ解決しない。逆に、イスラエル・パレスチナ紛争の正しい位置づけと、その平和的解決こそ、健康回復の証の一つとなるはずだ。実際、これは、生まれつつある二つの小国家の、かなりありふれた対立である。不幸にして、両者の主張が領土をめぐって食い違うことになった。パレスチナ人の一番最近の反抗、メディアの関心を集めた第二次インティファーダ〔二〇〇〇年九月〕では、三千七百人の死者が出た。付け加わった三千七百の死、どんな死も不幸なことだ。しかし、新聞をめくってみれば、ここ何十年かでビアフラの百万の死者、ルアンダの百万の死者、ウガンダ、コンゴの算定不能な虐殺、ブルンジの三十万の死者、一九六四年以来のコロンビアで二十万人の犠牲者が出たことを思い出せる。さらに、インドネシアでは、三百万人が連行され、五十万人と推定される共産党員の根絶が行われたし、クメールの恐るべき同胞虐殺があった。アラブ世界に限っても、脱植民地化で、アルジェリアとフランスの双方に、どれだけの死者が出たか。アルジェリア側では、フランスの発表によれば五十万人、アルジェリアの発表によれば百万人、そして七万人のフランスの若い兵士たちがそこで命を落とした。アルジェリア解放運動の二つの組織、ＦＬＮとメッサリ・ハジのＭＮＡの内ゲバで、一万人が死んだし、勝利を得たＦＬＮは少なくとも五万人のハルキ（フランス側についた現地人）を虐殺した。エジプト・リビア戦争、アルジェリア・モロッコ戦争、チャド・リビア戦争での死者の数は不明である。アルジェリアの原理主義者によって、またそれに対する軍の報復によって、首を切られ、機関銃で撃たれた者が何人いたか。アルジェリア政府発表によれば、十五万人である。イラクのサダム・フセインは、何十万もの国民を毒ガスで殺した。さかのぼれば、百万のアルメニア人がトルコ人に暗殺された。ロシアにおけるユダヤ人大虐殺もある……。こんな不吉な計算の羅列はやめたいと思うが、日々、この数は増えつつある。ボンベイ〔現ムンバイ〕で、モスクを建てる位置をめぐって、世界最大の、そして最も寛容な民主国であることが誇りのインド人が二千人のムスリムを虐殺した。二日間で二年にわたるインティファーダと同じ数の被害者だ。世界を見渡せば、第三世界が恐ろしい部族的・民族的・国家的戦争の舞台でなかったことはない。

それでは、どうしてパレスチナ問題がこれほど過大に重要視されるのか。それは、三億のムスリム・アラブの巨人にかかわっていて、十億のムスリムが同情しているからであり、彼らの想像の世界、そこから感染して世界の人々の想像の世界で、かくも重要な位置を占めているからだ。パレスチナは、アラブ諸民族の間に今なお生きている二つの神話、代償を求め、権利を主張する神話を要約し、象徴している。これらの神話は、アラブ人の停滞が続く限り、おそらく続くであろうし、おまけに、彼らの指導者によって戦術として維持されていくだろう。

最初の神話は、もしアラブ人が一つにまとまるならば、過去の彼らの帝国にまさるとは言わないまでも、同等の強大国にまたなれるだろうというものだ。エジプトのナセルは、自前でこの神話を採用した。彼はアラブの石油と人口を同じ政治的目的のために使おうとした（「われわれはわが女性たちの腹で勝利を得る」）。実は、止めようのない人口増加は、アラブ世界の難問の一つであり、収入がこの流れに追いつかない事態が決まって生じるのだ。もし石油によって得られる財源が、これら数知れぬ大衆のために使われるなら、状況はすっかり変わるだろう。アラブ人はその上、空間と地理の面で有利である。石油販売で得たお金で、武器と、時には人間も買い付けることもできる。それも、明らかになったスキャンダルに見られるように、堂々と西欧のど真ん中でやる。リビアのカダフィは、心臓発作のために自分の夢の実現を確かめる前に死んだナセルの後継者になろうとした。次いで一番新しいところで、イラクのサダム・フセインが、アラブ民衆のヒーローとなる。パリの郊外、パレスチナのラマラ、ヨルダンのアンマンで、人々は叫んだ、「われわれはみなサダムだ」。富裕層が金を出し、同意を与えなければ、こうした大騒ぎや統一行動はできないだろう。だが、夢の中では何でも許される。また必要なときには、民衆を無理やり引っ張り込もうとする者も出てくる。サウジアラビアのビン・ラディンの二番目の目的がこれである。彼が用いる恐怖は、西欧に向けられていると同時に、かくも壮大な計画に抵抗するアラブ各国の体制の崩壊を引き起こすためでもある。

第二の神話は、最初の神話と相関していて、イスラエル国家は、アラブ民族の肉体に突き刺さった棘であり、巣くったガン組織であって、それがこの統一を妨げているという神話である。したがって、イスラエルの解体はこの統一戦略の前提条件となる。

ところで、これまでのところ、アラブ諸国家は、この二重の使命に失敗してきた。果てしなきイスラエル・パレスチナ紛争がこの失敗の証拠であり、その失望の深さは理解できる。彼らは、あくまでもこの紛争を維持しながら、失望にうち勝とうとするだろう。一度だけ、彼らは成功しそうになった。いわゆるキップール戦争（一九七三年、十月戦争。第四次中東戦争）において、四方から囲まれ、アラブ諸軍によって二つに分断されたヘブライ国家は、まさしく脅威にさらされた。だが最終的に、イスラエルはこの試練を切り抜けた。この時、アラブの首脳たちは、自分たちがエジプト軍の制服を着たソ連人顧問団の技術的・軍事的援助をずっと受けていたことを知っていたのだ。しかし、アラブ側はイスラエルとのこの運命の戦いへの物質的・心理的準備をやめたことがない。戦争は失敗に終わったので、今度は、彼らは外交的圧力とテロリズムに頼る。ボイコット、テロ行為、テロリストへの隠れた資金援助、大学、文化、科学、スポーツ組織を通じての、国際機関における永続的戦闘、有名な偽書『シオン賢人議定書』（ユダヤ陰謀史観にかならず登場する歴史的偽書）のような反ユダヤ文献の再印刷と大量配布、一般大衆への、またあらゆる教育課程での、憎悪の徹底した培養と教育。彼らは、時限爆弾を作るべく、パレスチナ難民をキャンプに留め置き、ちゃんとした建物を建てる権利さえ与えない。もし与えられていれば、難民たちはずっと前にアラブの受け入れ国に同化していたはずだが、それは何としても防がねばならなかった。内部向けのアラブ文書では隠し立てせず、公然と述べられているが、イスラエルを解体することが大事なのだ。アルジェリア共和国初代大統領ベン・ベラは、もし手許に原爆があれば、絶対悪となったイスラエルの上に落としただろうとまで言明しなかっただろうか。イスラエルは、形而上的不幸ではないとしても歴史的不幸であり、アラブ世界から厄介払いしなければならない。もしそうではない言い方があるとすれば、それは、罰すべき暴言である。イスラエルに地図上の場所を与えることは、冒瀆であり、不忠である。まるでその存在を否定すれば、魔法のようにそれを無に帰することができるかのように。この作戦は、ユダヤ人がアラブ諸国民の困難のために格好の贖罪の山羊を差し出してくれるという事実によって、たやすく行える。イスラエルの存在は、結局、実に好都合なのだ。あるアラブ人の学生がラジオで、絶望的な告白をもらす、「わかってください。私は生まれたときから、シオニストとの対立こそ基本的なことであり、その解決は他のどの対立にも優先する、それはわれわれのすべての不幸の根源である、という雰囲気の中で育ちました。それなのに、あなた方はそれを相対化するようにと言う。何度やっても、私にはどうしてもできません」。

作戦はまんまと成功したわけだが、そのために何と高価な代償を払うことになるか。若者の心を毒し、知識人に影響を及ぼし、アラブの世論をこの唯一の火元に集中させ、他のすべての問題からそらせる。サウジアラビアはパレスチナ問題と世界の宗教的原理主義の両方に資金援助を行い、いずれもこの王国の安定に役立っている。しかし、これは引き合わない勝利である。その結果、あらゆる分野に停滞が生じ、活力が神話の方にそらされてしまう。神話に頼ることは、生きる助けにはなるだろうが、無償では済まない。少なくとも、目を現実から遠ざける。それこそ、金持ちの望むところだろう。パレスチナ問題は、正当だがそれほど大きな問題ではないのに、度外れに大きな象徴的地位を与えられる。それは、特権階級が自国の国民を隷属と沈滞に縛り付けておくために仕組んだ罠の一部をなしている。

二〇〇二年の国連報告に、アラブ世界における発展の挫折が記されている。同年七月、国連の要請に応じて、アラブ専門家が委員会を作り、ムスリム・アラブ世界の現状についての調査をまとめた。委員会は数々の病弊を挙げたあとで、イスラエル・パレスチナ紛争を手段に利用して、有効な解決を探ることから関心をそらすよう誘導していると非難した。二〇〇三年、もう一つの報告では、アラブ世界の停滞だけでなく、全面的後退を結論づけている。アラブ外交の圧力で、これらの報告は極秘扱いのままである。

知識人の責任放棄

こうした報告を知識人さえ自分の問題としてきちんと取り上げなかった。しかし、こんなに明白な事実に気づくのに、専門家である必要はなかったはずだ。ただ必要なのは、なにがしかの勇気だった。ところが、きわめてわずかな例外を除いて、知識人には勇気がなかった。それどころか、彼らの思想も行動も、同じような麻痺状態にあるらしかった。その言い訳もちゃんと用意している。一番使われた言い訳は、連帯だった。自国民が苦しんでいるときに、彼らを打ちひしぐべきではない、それは敵の水車に水を送るようなものだと。また、知識人自身が過去の隷従から完全に立ち直っておらず、今も痛む傷痕を抱えているから、たとえどんなに正当な批判でも、植民者の攻撃を反映した、陰険な悪意ではないかと疑い、つい感情的になることも、理解はできる。

しかし、そうやって感情的反応に従うとき、彼らは自分たちの特殊な職分、つまり、現在の国民全体の無力状態の程度をきちんと見定めるという務めを放棄している。それこそまさに、現状を改革し、救済をもたらすのに必要な前提作業であるのに。西欧の思想家によって絶えず続けられてきた、この批判闘争こそ、近代社会を反啓蒙主義のくびきから解放し、あらゆる進歩の源である活力と創造性をもたらしてくれたのだ。イスラム文明が勝ち誇っていた時代、かの地の知識人たちは、今よりずっと広範な自由を享受していた。現代のオマル・ハイヤーム（十一世紀ペルシャの詩人・科学者。『ルバイヤート』の著者）は、いそうにない。彼は大胆にも酒と女の賛歌を歌い、宗教のあれこれについてもこっそり皮肉をしのばせさえした。

たしかに、セーヌ河畔の知識人であることと、テヘラン、ダマスカス、アルジェの知識人であることは、同列には論じられない。冒す危険は比べようがない。たちまち冒瀆でなければ裏切りと告発されるから、慎重にならざるをえない。あのサルマン・ラシュディ（一九四七年生まれのインド系イギリス人作家。八九年発表の小説『悪魔の詩』に対し、ホメイニが著者・刊行者の処刑を呼びかけた）は、苛酷な運命をしたたかに味わわされ、日々、死を待ちながら、追放生活を送っている。アラブ世界に初めて無神論の本が出たとき、その著者サドック・エル・アゼム教授はベイルート大学を追われた。けれども、アラブ知識人たちは、ヨーロッパの大都市に避難している場合でも、まるで自分の出身共同体の禁止を心の中に取り込んだかのように、沈黙を守り続けている。彼らのうちで最も著名な者の一人、アラブ系アメリカ人、エドワード・サイードは、彼自身はクリスチャンではあるが、同胞を臆病だとまで言って批判している。もし危険にすくみ、一人で身動きが取れなくなっているとしたら、どうして彼らは団結して、告発の声を一斉に上げないのか。

しばらく前から、歴史の加速した動き、ますます逼迫する挑戦、公然化したイスラムの復権要求、暴力、それに対する西欧の反応、対タリバン戦争、イラク事件のあいまいな状況があり、その一方で、暴政の変わらぬ硬直化、生活慣行の後退とは言わぬまでも停滞があり、またおそらく西欧の知識人からいぶかしげな目で見られて戸惑いもあり、彼らのうちの一部は、悩み始め、持ち前の慎重さを抜け出して、思い切った行動に出るように見える。彼らの静止していると見えた表面に、やっとなにがしかの震動が生じた。パリでは、一般信徒ムスリム協会がいくつか設立された。まだ慎ましいものだが、大いに励ましになる。ただ、それはまだ多くの場合、同胞を守る弁明と擁護を旨としているので、本当の大胆さに欠ける。もし勇気をもって自己と同胞の見直しに踏み出すならば、実り豊かな成果が上がるだろう。自国民に本当のことを言うのは、たとえそれを他国民が聞いて、利用するとしても、人々の惨状を悪化させるのではなく、彼らに敬意を払い、彼らを助けることになる。集団の自己欺瞞は個人の自己欺瞞より手に負えないから、集団のメンバーの誰か、聡明で勇敢な者がみんなの蒙を開くことに取り組まねばならない。もし誰もその役割を果たす労を取りたがらないとしたら、その集団は可哀相なものだ。

結局、ムスリム・アラブ知識人には、ドグマと権力への服従、世論への同調という伝統とは違う、頼るべき別の伝統が必要だったのだろう。ところが、ムスリム・アラブ世界には、民主主義にふさわしい、各人が過度の危険なしに、それぞれ違った自分の意見を言える、あの公開の大法廷が、かつてはあったのに、今はもう存在しない。本物の論争はめったになく、あるとすれば、あまり重要ではない細部にかんしてで、意見の不一致は一致している土台の上に生じるだけだ。だから、おぞましい事件やスキャンダルに対する告発は、つねに外部から、共同体のよそ者からなされるので、そこに偏見と邪悪な意図を感じ取ってしまう。それで、自爆攻撃という、政治的にも道徳的にも問題のある、異様な現象について、これまでただの一言の言及もなされていない。彼らが賛成、反対のどちらの意見かはともかく、たとえ彼らの意見が内部で対立することになろうと、この問題に堂々と取り組むことが期待されるのだ。女性に課されている条件については、かすかなつぶやきが聞こえるだけ。少数派の境遇についての声明は一度もない。少数派のメンバーの一部は、しばしば命を懸けて国の独立に貢献したのに、感謝のしるしさえない。それどころか、多くの場合、次第に国の幹部から外されていった。こうして、せめてことばの上でも開かれた多文化国家を樹立する、またとないチャンスが失われた。アルジェリアのカビリア人、エジプトのコプト人、ユダヤ人、キリスト教徒を含めた国家。要するに、それは、西欧で暮らしているアラブ知識人が自分のために受け入れ国に要求していることなのに。誰一人として、はっきりとタリバン体制に反対を表明しなかったし、さもなければ、結局のところ、偽装賛同ではないかと疑われるようなあいまいな議論をした。誰一人、内輪の場合を除けば、サダム・フセインをあえて断罪しなかったし、この独裁者を悪行不能な状態に留め置く必要性を支持しなかった。ほとんど誰も、イスラエル国家が存在する権利について、たとえ非難を加えながらでも認めようとは、思いもしなかったようだ。周知のとおり、アラブの大衆の間には強烈な反アメリカ主義が支配的である。合衆国がアラブの利益に反して行動すると彼らが考えている限り、それは理解できる。だが、たとえ間違った意見でも、それに反対する声が一つも聞こえないのは、不思議ではないだろうか。

　彼らはいつも変わらず、口を閉ざした全員一致か、それよりましとは思えない困惑した態度を取る。コーランとその注釈書の中に正当化不能なものを正当化する典拠を見出そうと努める決議論（良心の問題を判断する倫理学の一部門。自己弁護の詭弁）者がいる。彼らはわざと反対の文言を忘れている。イスラムの中にある、現在から見て批判すべき部分は、反イスラム時代の残骸にすぎないと必死で説く歴史家・護教論者がいる。彼らは、ずっと以前にそういう残骸はお払い箱にしてもよかったことを忘れている。例えば、どうして女性の条件の変革をなしとげられなかったのか。ズィンミー（生命・財産の安全保障を受けたイスラム共同体内部のキリスト教徒やユダヤ教徒などの非ムスリム）という、許容された異教徒ではあるが、市民からは遠く、法の前でムスリムとは決して対等ではない身分をどうして廃止しなかったのか。イスラムへの服従を誇示するが、本心はそうでもない偽善者がいる。彼らは、例えば、人前ではアルコールの飲用を厳しく糾弾するが、自宅では友人たちと精一杯飲む。外国では二つの言語を使い分け、寛容な民主主義者として振る舞うが、自国に戻ると、たちまち従順な息子に変身する者がいる。民主主義者に偽装した狂信家がいる。権力の庇護を受けて、その体制を丸ごと是認する日和見主義者がいる。いろいろあるが、何と言っても一番多いのが、自ら口を閉ざし、閉じこもる者だ。彼らは、自分の耳と目とことばを使うことを忘れ、暗黙の同意によって、知らぬ間に共犯者になっている。逆に、「イスラムは人権と両立しうる」、寛容で、非暴力、時代の志向によってヒューマニズムにも普遍主義にもなれる、〈穏健派イスラム〉も存在することを証明しようと、懸命の努力をする人々がいる。たしかに数少ない寛容な章句を引用してはいるが、排除と暴力を説く章句はすべて無視している。ムハンマドもまた指揮官であり、自分の部隊と戦利品を分けていたこと、彼の後継問題は、継承権主張者たちの虐殺を引き起こしたこと、キリスト教も長い間同じだったが、イスラムもことばだけでなく武器を使って征服を続けたことを忘れている。そもそも、どんなに興味深い、時代を画した文献だとしても、どうしてそれが与えうる以上のものを求めるのか。それは、偽装されたイスラム擁護論を続けるためではないか。本当は、別の伝統の宗教文献とともに、世界文学史への寄与として、同じ棚に並べるべきではないだろうか。あえてそう言うのは、イスラムを狙い撃ちするのではない。宗教というものはどれも、暴力的とは言わないにしても、不寛容で、独占的で、拘束的である。一部の人たちが擁護したがる〈啓蒙的イスラム〉とか〈穏健派イスラム〉という考え方、これは誤解である。穏健な宗教というのは存在しない。あるのは、程度の差はあれ忠実な信者たち、程度の差はあれ教義と儀礼を敬う信者たちである。もっとも、原理主義者たちは、こうした信者たちを怒りと皮肉の槍玉に挙げる。

結局、リストに欠けているのは、強い精神をもつ人物、端的には無神論者、より慎重な言い方をすれば不可知論者だけである。イスラムの歴史には、時に命を懸けても自分の立場を守り抜いた強い精神が存在した。この広いムスリム世界に独立精神の持ち主はもういないのだろうか。伝統的思想家に逆らい、さらには恐ろしいことに、聖書にまで逆らって、ヴォルテールやニーチェに与する者、それも、真意がどこにあるのか迷うほどもってまわった言い方でなく、堂々と主張する者は、ほぼ誰もいないのだろうか。多分いるはずである。内輪の会話を聞けば、そういう人が見つかる。しかし、原理主義者たちが、たしかに彼らの勇気は大したものだが、復古的な確信を叫びたて、必要なら暴力と殺戮によってかならずその確信を強制すると告げると、知識人の方は沈黙を守り続ける。原理主義者の脅しも怖いし、群衆の怒号も、宗教法、シャリーアの根深い影響力も怖いのだ。たしかに、ムスリムの国では今も、背教を疑われると、死、法律上の死の危険がある。二〇〇二年においてもなお、エジプトの司法当局は約五十人の同性愛者を拘禁し、拷問を受けさせ、有罪判決を下した。おのれの罪を否認する者には、滑稽な「肛門童貞証明書」の提出が求められた。彼らを弁護するためのアラブ知識人たちの請願はなかったが、他からも請願はなかった。また別の法廷は、仲の良い正式の夫婦の別離を命じた。一方の考え方が正しくないと判断されたためである。もしムスリム・アラブのすべての不可知論者が手を組んで協力しようとするなら、原理主義者たちは尻込みし、アラブ世界は一変するだろうに。しかし、彼らはつねに異端宣告の脅威の前に怯えている。異端となれば、彼らの身元が怪しくなる。「あなたは真のムスリムではない」ということばは、これまで致命的な侮辱とみなされてきた。そうすることで、ムスリムとは何かを定義する権利を原理主義者に委ねることになるのに、知識人は気づかなかったのだ。だとすれば、知識人たちは、自分たちを告発する者の共犯者に甘んじているのではないだろうか。誰がムスリムで、誰がそうでないかを決めるのは、原理主義者の仕事ではない。大体、ムスリムであることは、独断的定義の問題ではない。ユダヤ人の条件、ジプシーの条件と同じように、それはまず客観的な条件であり、個人差があって異なるというものではない。

知識人がおとなしくしていて、救われるのなら、まだ良い。彼らは世界のすべての知識人と同様、つねに世論にも権力にもうさんくさい存在なのだ。それが彼らの名誉にもなるのだが、過剰な影響力があると疑われもする。フランス革命の原因を旧体制の弊害と麻痺に求めるよりも、ヴォルテールやルソーがそのきっかけを作ったことにされるのだ。

虚構と現実

権力の締め付けが厳しく、みんな服従しているから、哲学的・政治的論争など、生まれるわけがないので、文学の方に目を向けてみよう。作家は想像力という、この上ない手段をもっている。そのおかげで、彼らは本心を隠すことができる。彼らは自分自身が感じ、考えたことを登場人物に託す。独裁体制下に出た小説を五十も並べてみれば、同じ時期に出版された五〇トンの新聞雑誌よりも当時の状況を明らかにしてくれる。バルザックやモーパッサンは、同じ時期の体制よりの評論家よりも、時代のドラマと社会環境を映し出している。作家というのは話をでっち上げるが、またしばしば本人も知らぬ間に告発者にもなる。それでは、旧植民地人の作家は何と言っているか。

まず、ここに逆説的なことがある。植民地時代よりも、ポストコロニアル時代の方が、作家であることが困難なのだ。現在の脱植民地人はかつて、植民者のことば、彼が自在に使いこなせる唯一のことばで書いていた。植民者に逆らって書くときもそうだった。植民地化、その根本的不正、日々のくさぐさの惨めな状況、外国の警察と軍隊の抑圧的で、屈辱的な存在、経済的搾取、政治的欲求不満、文化的圧迫を、ずばりと言うにせよ、あるいは遠回しに言うにせよ、告発することで、彼は自分のペンで同胞の反抗に役立っていた。支配者のことばで表現するから、たしかに聞き手は支配者だけではあるが、たとえささやかでも、彼らの世論に影響を与えるという形で、行動することができた。

ところが今、彼はかつての支配者のことばしか身につけていないので、この同じことばを同胞に対する攻撃に使わなければならない。自分の仕事を続けるなら、自分の指導者階級の怠慢、エゴイズム、仲間内で懐を肥やす仕組み、自分の政府の略奪ぶりを描かなければならない。ところが、必要があれば、同胞に対して自由な批判を行う、いわゆる自由精神は、独立後の新しい社会にもやはり存在しない。権力側に聞き取れない言語を用いる造形美術や音楽を除いて、文字による表現はすべて疑わしく、検閲される。大目に見られるのは、体制順応主義、政治的・宗教的権威者への賛辞、空疎なフォークロア物語、味気ない現在を忘れさせるための、華々しいとされる過去の回想だけである。作家にできるのは、どこか架空の国について、あるいは象徴主義的な修辞を介して〈示唆する〉ことだけである。それ以外は、作家は知識人と同じ大いなる沈黙を保つ。作家の声を聞くことはそう多くはなかったように思われる。ビアフラ、ウガンダ、スーダンの民族大虐殺のときの黒人知識人も同様だった。〈兄弟国〉同士のばかげた、血なまぐさい対立、あるいは少数民族の抹殺のときのマグレブの作家や知識人と同じように。イラク人によるクルド人の虐殺は、イラクの作家や知識人にほとんど何の印象も与えなかった。亡命中の者も含めて。アルメニア人の受難の際のトルコの知識人もそうだった。

自分のまわりが専制と腐敗と犯罪で溢れかえっているのに、どうして彼らは口をつぐんでいられたのか。危険が存在するのは、確かだ。獄中にいる作家の数は、市民の平均よりつねに多かった。それにジャーナリストを加えれば、その数は驚くべきものだ。しかし、とりわけ彼ら自身の心に発言への抵抗があった。都市に悲惨な状況を呼び寄せる飢饉の連続や、インドやラテン・アメリカの都市の歩道で、夜の間に飢えや寒さで行き倒れになって、毎朝回収される者やホームレスの数を強調することは、彼らの共同体を辱めるように思われたのだ。彼らは、一般の男たちと同様、女性問題、ムスリム・アラブ世界の悩みの一つであり、その停滞の原因の一つである、女性の変わらぬ隷属状態について、あいまいな態度だった。彼らは以前と変わらず、イスラム社会における宗教の地位を再検討することができなかった。宗教を政治と分離する必要を主張する勇気がなかった。あたかも非ムスリムのアラブ人であることが不可能であるかのように、信仰と社会的・歴史的帰属を混同するか、そうする振りをし続けた。私たちユダヤ系住民も、さんざんそれに悩まされてきた。マグレブで、また第三世界全体で、今日、女性作家が男性作家よりも多く、またより自由であることは、注目に値する。それは、彼女たちが告発することで失うものがなく、風俗習慣の変革を願っているからだ。

さらに、作家が何とか証言するための力なり、策略（絶対王制時代のようにペンネームが大流行となっているし、その他、幸い、文学にはいろいろ策略の余地がある）なりを見出したと仮定しよう。また、検閲官が、無責任な作家の他愛ない作り事にすぎないと信じる振りをして（検閲官にも行間を読む力があり、独自の警察力もあるのだが）、目をつぶると仮定しよう。それでも、作家は第二の壁にぶつかる。読者を見つけられないという壁である。

作家と期待される読者の間には、意外な障害が立ちはだかる。作家は聞いてもらうために、どの言語で書くべきなのか。植民者から受け継いだ言語と民族語のどちらを共通語として最終的に選ぶかをめぐるためらい、言語教育の手探り状態、立ち上がりつつある地元出版社の基盤の弱さ、当局の補助を受けても、そのために監視され、ひも付きになる。そうした一切が、成熟した読者層の成立にも、自立した作家の誕生にも、有利には働かない。こうした言語をめぐる分裂状態に決着をつけるようにと、また伝統言語の独占権を確立するようにと、政府は時折、学校、行政での、さらには商店の看板にまで、強制的アラブ化を決定する。フランス語が破門され、フランス系リセの卒業生たちは要職から閉め出され、フランス語を話す連中は、悪い市民であり、裏切り者であると指さしされる時代があった。当時、私を含めて、フランス語表現による文学の創作は終わりつつあると思わざるをえなかった。幸いにして、それは私たちの間違いだった。アラビア語以外の言語についても同じだった。現アルジェリア大統領は公言したものである「カビリア語が公用語の一つになるのを許すくらいなら、私の体を踏み越えて行ってもらいたいものだ」。アルジェリアでは、カビリア語のファースト・ネームは今も禁止である。しかし、いまだ植民者の言語がすっかり染みついている日常生活において、それでは不便であるし、国民の話しことばは、一片の勅令で決まるものではない。純粋な古典アラビア語の演説を何とか理解できる者がいるだろうか。アラビア語の中での選択も容易ではない。子どもの時に身につけたことばか、街頭で話されることばか。新聞やメディアの平均的なアラビア語か、それとも神が発した、時間を超えたコーランのことばか。どんなことばも、生命の曲がりくねる流れに沿って、時の進むにつれて河床をうがち、否応なく姿を変え、やがては見分けのつかぬものになる。今日、どんなフランス人がラブレーを、あるいはモンテーニュでも、楽に読めるか。正確な予測は難しいが、コーランのアラビア語には母音記号が付いていないから、その記号を付けることにも反対する伝統主義者の努力にもかかわらず、いずれコーランのことばは、ラテン語と同じようにすたれるだろうと思われる。学校での統一教育の努力もむなしいだろう。ある言語を最終的に固定化すると主張するのは、一つの夢である。その言語が表現すべき現実が固定していないからだ。いずれにせよ、本物の作家は神聖なことばでは書かない。彼は自分自身のことばを作り直すからだ。押し付けられたことばは堅苦しいことばであり、レトリックや、誇張や、象徴に向かわざるをえない。これまたそっくり古典アラビア語の場合であり、コーランの枷をはめられた、神聖なことばとしてとどまる。

それでは、作家は植民者のことばにしがみつくことになるのか。しかし、もしそうするなら、彼は主に旧本国人に向けて書き続け、その評価を期待することになる。もっとも、それはフランス語を使うすべての者に共通のドラマで、フランス本国の地方作家と同様、パリに怯えている。脱植民地人の作家はその上に、漠然と裏切りの罪を感じるから、お詫びのしるしに、懸命に顔をしかめ、身をよじる。例えば、自分は植民者の言語をねじ曲げ、犯し、破壊してきたとか、その他のたわごとを言い張る。まるでどんな作家も、ここまではやれないとでも言うようだ。本当は、さしあたっては、また多分これから先も、このことばこそ、彼が自在に使える唯一の道具であり、これがなければ、彼は黙るしかないというのが、間違いのない事実なのだ。ことばというのは、集団的人格の一部をなし、くっつけるセメントの役を果たしているが、コミュニケーションの道具でもある。ところが、最良のコミュニケーションの道具は、依然として外国人のことばなのだ。植民地化の時代にも、すでにそうだった。かくも激しい戦いを経てなお、この同じジレンマにまた出くわさなければならないのか。

文化的昏睡状態

こうした知識人の怠慢、責任放棄、裏切りは、文化的昏睡状態と無関係ではない。これにはそれなりの言い訳があるだろうし、もっと一般的な怠慢の反映であるとしても。いずれにせよ、この怠慢は、合理性に対抗して狂信的な感激の方を選び、普遍主義の開放性に対抗して厳格な帰属の窮屈さの方を選ぶ人々に、好き勝手をさせる。こういう連中は、元気の出ない、屈辱的な現在に背を向け、黄金時代に戻って、宗教と文化と政治の融合が再現し、彼らによれば、唯一の豊かな機会が得られる夢を見ることしか知らない。そのとき、第二のアンダルシア（砂漠の民は天国のイメージをレバノンとアンダルシアに見ると言われる）に、ついに過去の栄光がまた花開き、寛容と正義と繁栄が支配していたというバグダッドに似たカリフ王国がよみがえるらしい。ただし、そうしたいわゆる地上の楽園においては、少数派は抑えられ、せいぜい恩着せがましい好意を受けられるだけであったことが、忘れられている。しかし、歴史で後戻りできないのは、母の胎内に戻れないのと同じである。眠りの森の美女は、いつか目を覚ますであろうが、その長い眠りの間に、彼女はすでに年老い、皺だらけになっているだろう。創造には、生殖についてと同様、まだ若い女性を相手にするのが、望ましい。

文化は多種多様なものの山であり、その中からめいめいが自分の欲望と不安に従って好きなものを取り出す。そこには、最良のものと最悪のもの、幻想と批判精神、古い、すたれた処方とほとばしる個々の才能が隣りあい、時に絡みあう。この才能は自然と歴史に挑戦するように、共同生活の困難に対して、人間の内部の未知、また人間を取り巻く未知に対して、それぞれ新しい、技術的な、安心できる回答を差し出してくれる。われわれが生きる助けとなる調和の発見もあるし、芸術も、哲学も、権利も道徳もある。だがもう一方に、はなはだ疑わしいわれわれの情熱も、偏見も、貪欲さも、心の癒しとなる想像も、こっけいな魔術的・迷信的寄りすがりも、宗教的希望もある。だから、専制君主とその取り巻きが文化の第一の側面をあれほど警戒し、第二の側面を贔屓するとしても、驚くに値しない。君主とその権力機構のまわりに人々を集め、団結させる方向に役立つからだ。しかし、君主は、そうすることで、再生へのどんな小さな芽も摘んでしまう。

生きている文化は、伝統的な成果を試練にかけ、社会全体の不可避の変革に適応させるために、たえず見直しが必要になる。だから、文化はどうしても、本質上、因習破壊的となり、異端とならざるをえない。あらゆる桎梏を振り払い、自由に呼吸する必要があるからだ。専制君主は、こうした模索する試みに対して、逆に伝統の中でも一番化石化した部分を前面に立てようとする。彼は中世の思想家、例えばアヴェロエスを掘り起こさせ、まるで現代人であるかのように誉め称える。この哲学者が、生涯を通じて、その仕事の改革的な部分については疑われていたことを忘れた振りをして、当時よりもはるかに栄光に包まれた存在に仕立てる。だが、あの時代から何世紀も過ぎた。これらの尊敬すべき思想家たちは、その時代における功績がどんなに大きかったにしても、われわれの現在の問題を前にして有効ではなくなってしまった。そこで、専制君主は矛盾したことに、名誉ある過去と光り輝く未来の両方の象徴として歴史的英雄をよみがえらせようとする。その英雄がしばしば同時代人の中の保守派の攻撃の的になったことには触れないのだ。ジャンヌ・ダルクが火あぶりにされたあと、聖女となり、その灰が遺物として集められたのも、そういうわけである。専制君主は、植民地時代とまったく同様に、およそ時代遅れのフォークロア的行列を奨励する。古いラッパ銃を使ったアラビア騎兵の芸、地元の聖者の栄光を称え、鳴り物とのぼりが先導する、地方色豊かな衣装での行列。彼は民族的・国家的神話を誉めそやし、もし必要なら、別の神話を創作する。その神話では、めいめいが至高の供物〔命〕を差し出すことが要求されている。彼は、自ら過去の偉人、例えば、サラディン（一一三八―九三。アラビアのアイユーブ朝の創始者。一一八七年、十字軍と戦い、エルサレムを占領）の再来であり、運命の定める、この偉大な仕事のために天から遣わされたと、ほのめかす。

　過去の栄光（栄光があるとして）は、植民地化によって消し去られたが、それを思い出すのは、無益ではないだろう。最初のうち、栄光にあこがれる国民は、それを思い出すことで、なにがしかの誇りを取り戻す。何十年もの外国支配によって揺らいだ集団的アイデンティティがしっかりする。例えば、民族語の復活は、そうした集団的自我の再確認の一つである。しかし、言語は単に民族独自の魂を表現する役割だけでなく、日常的、国家的、国際的な必要に応じる役割も果たさなければならない。ところが、長すぎる昏睡状態が続いたために、民族語は少なくとも今のところ、文化的、技術的に不適格になってしまった。この言語には、真の文化、つまり改革的で、創造的な文化を引き受ける能力がまだない。それで、嫌々ながらも、旧植民者の言語で我慢し続けることになる。これまでのところ、英語やフランス語を話す方が、アラビア語やヒンディー語を話すより、たしかに便利である。しばしば、地方言語があまりにもバラバラであるので、解決策がどれにも優先権を与えないということになったりする。諸民族の間の唯一の共通点である、旧植民者の言語が上に立つのを黙認せざるをえなくなる。こうして、本国のポルトガル語が、旧植民地のブラジルの、作家を含めた、すべての住民の公用語となっている。北アフリカでは、長いこと、閣議はアラビア語よりフランス語を使って行われた。ほとんどブルジョワのエリート出身の大臣たちが、アラビア語よりフランス語を巧みに操れたからである。徹底したアラブ化の試みは惨憺たるもので、針を逆に戻さざるをえなかった。逆説的なことに、旧植民者の文化の浸透は、新しい一般大衆によって、かつてないほど進んだ。彼らは、外国のことばの方をうまく話すことが多い。これには、テレビ・ラジオ網の影響が増しつつあることを忘れてはいけない。技術はフランス語の圏内にある。

たしかに、文化はまた、絆であり、社会的接着剤、コミュニケーションの場、惨めな暮らしの避難所、ブイ、安全弁でもあるだろう。しかし、上流と下流への投錨——再建された過去と輝かしい架空の未来、過去の行き過ぎた価値引き上げと未来への過度の期待、幻影と神話の間を漂う航海、後ろ向きの黄金時代とははるか先の黄金時代——は、同一の結果、すなわち現在の壊滅に行き着く。これこそ、専制君主が望んだものではなかったか。疑似文化は、精神の解放と自由な発展を助けるどころか、本物の文化から遠ざけてしまう。ところで、これからは、誰もが否応なく新しい世界に組みこまれることになるが、それに対する緊急の回答が求められている。

民族的自尊心にとっては認めにくいとしても、西洋がもたらしたさまざまな進歩は、伝統的なやり方よりも社会に適応していることが多い。いくつかの文明があり、対立していると好意的な言い方で繰り返し言われるが、そうではなく、これからは、ただ一つの地球的な文明があり、誰もがその中で生きる。原理主義者もその外にはいないから、携帯電話も、インターネットも、銀行システムも、車も飛行機も利用しているだろうし、そのうち、ロケットや高性能兵器も使うだろう。どれも彼らが発明したものではない。ますます生活の中では受け入れがたくなる特殊な価値を守ると、彼らが本気で主張しているのか、怪しいものだ。むしろ、そうやって自分たちの影響力を保とうとしているのではないだろうか。今、誰もが行うべき真の挑戦は、地球上のすべての住民を、自然の制御によって、最も健康的で、快適な生活に導くこと、しかもそれを暴発的な殺人という代償を払わずに可能にすることではないだろうか。旧套墨守こそ、特権を守る最良の保証であると思われているようだが、これらの国は、雪の表面の下に眠る火山なのだ。

ターバンを巻いた者たちの陰謀

これでもまだ、これほど徹底して宗教を利用する、今なお有効なやり方を不思議だと思うだろうか。専制君主は陪臣たちにあらゆる恩恵、あらゆる上席権を与えて、彼らの一般大衆に対する影響力を取り込む。一方に、屈従へのこの呼びかけに従うだけの住民の極度の貧困があり、他方に、宗教の輝かしい存在がある。風景の中に切れ目なく見えるモスク、空をうがつミナレット（祈りの時を告げるモスクの尖塔）、スピーカーで高らかに響いて、昼間のリズムを作るアザーン（礼拝の刻限を知らせる呼びかけ）の声など。いたるところで、新しい支配者たちは小学校よりも宗教学校を、より多く建てている。モロッコでは、本が読めない者が国民の五〇パーセントを超えるのに、前スルタンは、〈現代イスラム世界最大のモスク〉を建設した。カトリックの信仰篤いコートジボアール元首、ウフエト゠ボアニは、〈最大の近代的カテドラル〉を建てさせている。中世の西洋でも事情は同じで、宗教建築物の壮麗さは教区民衆の悲惨と好対照をなしていた。チュニジアでさえ、その憲法第一条に、その国がイスラム国家であると書き入れている。少数派には気の毒なことだった。フランス流民主社会主義者で、フリーメーソンでもあったらしいブルギバは、まず最初に、ターバンを巻いた者（彼の使った表現）の束縛をはねのけることを決めた。彼の強がりは他にもあって、テレビで、例のオレンジエード（さすがにアルコールではなかった）をぐいと飲み、唖然とした国民に向かって、勇ましくも宣言した。「あなた方は、ラマダンの丸一月を断食で衰弱するより、国の発展のためにあなた方のエネルギーを捧げる方が良いでしょう」。だがそのあと、彼は果たすべき任務のとんでもない大きさを前にして、後退した。ブルギバ政治は、チュニジアにとって予期せぬチャンスであり、アラブ世界にとって可能なモデルだったのだが、抵抗する力はあまりにも強く、つかの間の藁火のようなものにすぎなかった。ブルギバもまた、その後、国にくまなくモスクを建てた。彼は司令官として考えを改め、宗教者との執拗な確執は、体制を危うくすることを理解した。それでも、彼は最後に彼らに負けてしまう。彼の後継者、ベン・アリは教訓を忘れない。宗教者から目を離さぬようにしながら、原理主義者たちの迫害を諦める。もう一度女性にスカーフの着用を、男性には顎髭を奨励するところまではやらない。単に行いを慎むよう求めるだけにしている。サウジアラビアは、世界中にこれでもかというくらいたくさんのモスクを建てるための寄付を、ふんだんにばらまいている。コーランを教えない、また中世風でない学校や大学のためには、何もしないし、モスク付属で、その控えの間にも使われるものでなければ、無料診療所のためにも、何もしない。

専制君主は、自分が宗教者ではなくても、こんなに便利な援助をどうしてやらずにいられるだろうか。どうしてサウジアラビアは、一族の独占的利益のために管理されている何十億ドルにどっぷり浸かって、変化を望むだろうか。この国はまた、想像を超えるような、しかもたっぷり儲かるメッカ巡礼の管理人でもある。近代教育は精神を混乱させ、脇見をさせる危険がある。ところが、神は、本質上不動であり、革命を好まないし、サウジの指導者も、モロッコのスルタンも、「信者の指導者」として、神に仕えている。政教分離を唱えるイラクの政治体制も、トルコの体制も、それはまったく変わらない。それどころか、危機が迫れば、どうしても宗教的情熱をかき立てたくなる。ヒンドゥー教のインド、イスラムのパキスタンは、どちらも自分たちの政策を守るために、狂信者に呼びかけることをためらわなかった。第一次イラク戦争の間、アメリカの指導者とイラクの指導者は、天佑神助に訴えるのに、競いあった。神が自分に敵対するより、自分の側にある方が望ましい。それを利用して、リベラル派をつぶしていく。

しかし、何事もただでは済まない。もし家の中でワニの子を飼えば、いつかワニに食われてしまう。アメリカ人はロシア人に対抗してタリバンを援助したが、やがてタリバン相手に戦わねばならなくなった。イスラエル人は最初、ハマスのパレスチナ人原理主義者をそそのかしたが、彼らはイスラエルに立ち向かってきた。権力は知っている。もし原理主義者たちが勝つなら、今の権力の座にある者が閉め出されることを知っている。つまり、権力は、彼らに対して恩恵を与えたり、締め付けを厳しくしたり、振り子の働きをしているのだ。イスラムのスカーフ、顎髭、モスク、教団は、それぞれはけ口として役立っているが、アラブの支配者たちは、自分が懐にワニを飼っていることを知っている。聖職者を介して与えられる、この神の助けは無償ではない。これは、双方がそれぞれ武器を懐に、相手の力を削ぎ、ついで相手を倒そうと狙う、危険な合意である。

というのは、原理主義者たちの究極の目的は、つねにイスラム国家であり、すべての権力を手中に収めようとするからだ。そして、この公然たる闘争において、彼らは不利な立場にはいない。まだ脆弱な国家では、他の接着剤がないから、宗教が共通のアイデンティティを作る基礎の一つであり続けている。宗教は精神と行動に強い影響力を持ち続けている。宗教はかなり一貫したシステムであり、信仰、儀式、道徳を含み、それらがたがいに補強しあい、組み合わさって、個人的・集団的生活のすべてを締め付ける。宗教は社会、経済、文化のあらゆる機能を覆い尽くしている。どうして政治権力を諦めるわけがあるだろうか。少なくとも制度において、宗教の世俗に対する締め付けをゆるめるべきだったのだ。ヨーロッパは数世紀かけてそれを果たしたが、イスラム世界はまだやっていない。

今のところ、専制君主は、そう簡単に事は運ばないが、政治と宗教の融合を利用している。しっかり監視の目を利かせながら、原理主義者の好きにさせている。金曜日の祈りのための集会は、どのイスラム国でも、政府によって奨励されないまでも、許可されている。集会は圧力釜のようなものだ。熱したイマーム（集団礼拝の指導者）が、説教に形を借りた驚くほど激しい演説で、信徒たちの不満と怒りと要求を表現し、鎮める。しかし、モスクには警察の通報者が配置され、支配者が群衆の温度をきちんと測れるようになっている。もし暴発の危険があるときには、必要な処置が取られるはずだ。

それでも、歴史の動きが専制君主の目を逃れ、ウラマー（イスラム法学者）が勝利を占めることも起こりうる。もし選挙、それも本当に自由な選挙がアラブ世界で行われたら、原理主義者が勝たないかどうか、予測はつかない。アルジェリアではすでに実証されている。軍部がかろうじて原理主義者から権力を奪い取ったが、法的には投票で勝ったのは後者だった。ケマル・アタチュルク（トルコ共和国の創立者。初代大統領）の改革したトルコは、またイスラム主義政府をもつことになった。最も近代的な自由主義に魅せられたように見えたイランは、突如、中世の暗黒へと引き返した。今のところ、絶えず陰で操られている擾乱、仲間意識と社会サービスの巧みな利用、無料診療所と家族扶助、改宗戦略（イスラムでは、異教徒間の結婚が他のどこよりも簡単にできるが、そこでも進められる）、悲惨な毎日と対照的な輝かしい来世への約束が、イスラムに新しい信奉者を引き寄せようと懸命である。

しかし、原理主義者が勝利すれば、後ずさりが始まるだろう。近代世界に深刻に迫る問題は何一つ解決できないだろう。それどころか、徹底した過去への回帰、伝統的テキストの特権的偏重、およそ新しいもの、批判的思考に対する不信、大部分の市民的自由の廃止とまでいかなくても制限、専制君主の監視よりもさらに厳しい警察による監視、はなはだしい女性いびり、両性の厳格な分離、若者の実に無害な、実に自然な願望の抑えつけが始まる。音楽を聴くのも、ダンスをするのも、ナンパするのも許されず、若者は神権政治国家という怪物によって青春を奪われ、盗まれてしまうだろう。

強制から暴力へ

脱植民地人は悲劇的な失望を数々味わったが、その一つは暴力だろう。暴力はもう終わりだと思ったのに、今暴力はいたるところに、爆発するものも、潜在するものも、燃え上がるものも、制度的なものも、国の内部にも外部にも、姉妹国家との関係においてさえ、存在する。独立から何十年も経つのに、アルジェリアではまだ人の首をかき切り、チュニジアでは投獄し、キューバでは拷問し、イランでは、またアルジェリアでさえ、スカーフをかぶらない女性の顔に硫酸をかける。イラクでは死体置き場が掘り返される。目の前に迫る殺戮から逃れようとする住民は何十万人にものぼり、彼らは途中で倒れた者、見失った子どもを置き去りにする。

経済的搾取と文化的疎外に加えて、植民地化は耐えがたい強制の歴史である。強制は時折、暴発に揺さぶられ、そのあとに野蛮な弾圧が続き、ついで瀉血のあとのような諦めの平穏がある。やがて、次の危機が訪れ、それに対して植民者はまた同じ反応を示す。ところが、解放されても、暴力は、ほぼ同じ顔を見せて続いた。ただし、死刑執行人は替わった。拷問の仕方、命は取らぬ場合でも、自由の奪い方に、それほど種類があるわけではない。潜在的な敵、時には独立派の闘士に対しても、生まれたばかりの権力を固める必要があったのかもしれない。闘士たちはそれまで全身全霊を戦いに捧げたのだが、革命が終わったことを、またすべての約束の尊重を要求するのは、ばかげているし、危険であることを理解しなかった。社会的大変動に続く清算が解放闘争と同じくらいひどいものであることは、よく知られている。チュニジア国家の創設者、ブルギバは、彼を暗殺しようとした政敵たちを片づけなければならなかった。アルジェリアでは、初期の指導者たちの大半が処刑されているし、その殺戮の混乱からまだ抜け出せないでいる。モロッコが比較的平穏な状態を維持してきたのは、王制とその臣下たちの武力による制圧のためにすぎない。それでも、君主を排除する試みが何度か起こるのを止められなかった。おそらく、産み落とされようとしている民族国家の始まりにおいては、啓蒙専制主義が必要なのだ、という声があるかもしれない。労働組合運動のリーダーであり、イスラエルの初代首相、ベン・グリオンは、イギリスの占領軍と休戦交渉をしながら、同じユダヤ民族主義者の政敵がチャーターした武器満載の船の乗組員に向けた砲撃をためらわなかった。そのあとにも、新体制の避けられない不器用さがあり、過ちがあり、腐敗があった。最初は国民の偶像だったブルギバは、飢餓と扇動者によって起こされた騒動に直面した。彼は自分の内務大臣にその責任を押し付け、罷免した。そのあとも、難局は広がり、次第に脅かされた体制の強制力が働き、自分が生き延びるためには、体制は対立する原理主義者たちを処刑しなければならなかった。解放された旧第三世界で、独立以来の投獄と処刑は、おそらく植民地体制下よりも多くなっているはずだ。

もちろん、暴力にも、単なる警察の脅しから軍事介入まで、さまざまな度合いがある。警察の抑止力も、警官隊をびっしり配置して、一人も漏らさぬ網の目作戦から、合法すれすれの拘束、そして最後は暗殺にいたるまで、さまざまな程度がある。未成年も含めた犯罪行為や言論犯罪は、即刻、厳しい処罰が下され、しかも家族にまで罰が及ぶことがある。再犯となれば、被告人は復帰不能とみなされ、それが最終的抹殺であるとわからないまま、姿を消すことになる。以前なら、もし必要なら、再犯者は罪の重さを知るために拷問されただろうし、処刑は法の適用に従うのではなく、専制君主の気分、体制の殺人体質で決まっていただろう。一般に、体制はゲームの勝利を自慢することができる。服従はどうやら心の習慣となり、行動も精神も支配者の要求に沿って整列している。しかしこれからは、脱植民地人は二重の生活をもつことになる。一つは、秩序を重んじる市民、国家リーダーの賞賛者、真面目な信仰をもち、熱心で、しかも満足している信者の公的生活、もう一つは、無思慮ではなく、こっそりとコーランの教えを破る私的生活だ。彼はなにがしかのおしゃぶりで我慢することになる。うまく成り上がり、富を得れば、新ブルジョワに共通の、派手な見せびらかしを行う。競うように、豪華な第二邸宅、それもかならずしも趣味は良くないが、できれば大統領官邸から遠くない家をもちたがり、最新式の大型自動車に乗りたがる。地方画家の絵を大量に買いたがり（画家には結構なことだが）、自分の気前の良さを見せようと、地区全体を眠らせないほど、騒々しいお祭りをやる。結局、統合失調症も一つの生活様式なのだ。

とにかく、このようなあり方を批判する者、システム全体を危うくしないまでも、疑うように見える者に対しては、軍隊の派遣となる。ブラック・アフリカでは、全体として平穏であったためしがなく、民族ごとの殺戮が続く。コートジボワールは、アフリカで一番美しいショーウインドーに見えたのに、混沌に戻ってしまった。コンゴ－キンシャサは混沌から抜け出せずにいる。アルジェリアでは、何年も前から恐怖政治を敷いているが、いまだ敵を根絶できずにいる。チュニジアでは、南部で反体制派と軍の小部隊との戦闘がひそかに起きている。

暴力は内に向けて使われているだけでなく、そんな余力のないはずの新生国家同士の関係をも覆い尽くしている。それ以外の他の解決は見つからなかったかのように、事は進んでいる。植民者〔列強〕が、特に例のベルリン条約〔一八七八年〕で、獲物を分配するために線引きし、今も新生国家の有毒の遺産となっている、苛立たしい国境問題があるのはわかる。だが、あれからずいぶん経っているのに、どうして交渉によってばかげた地形の配置を変え、最終的合意を求めるよう努力しなかったのか。モロッコとアルジェリアはそうせずに、戦争をしあい、間にポリサリオ戦線〔西サハラの独立を主張。国連の仲介で一九九一年、モロッコとの停戦が成立したが、その後も住民投票は実施されていない〕が介在する潜在的対立を維持し続けている。リビアはチャドを侵略したが、エジプト派遣軍が、兄弟殺し戦争に決着をつけるという名目で、これを罰した。シリアはレバノンを軍事的に占領し、以後、自国の海に面した県とみなしている。北朝鮮と韓国は、果てしなき対決でたがいに消耗し続け、武器を向け合ったままである。ブラック・アフリカにおいて、戦争は風土病のようなもので、あちらかと思えばこちらに発生する。国際的というか、新生国家間の、あるいは民族間の抗争は、やはり植民地時代より多くの犠牲者を出した。こんなにも恐ろしい損失を記帳するには、奴隷制の最悪の時代にまでさかのぼる必要がある。当時、まだ組織的な収奪のシステムは作られていなかった。新世界のプランテーションに運ぶぼろ船の船倉で、生き延びる奴隷は、四人に一人だけだったと言われているが、奴隷商人は、商品の損傷を望んではいなかった。現在のアフリカの黒人間の戦争は、こうした収益性という配慮がないから、黒人有力者とアラブ商人が結託してヨーロッパ人に供給するために行った奴隷狩りよりも、はるかに残酷である。植民者は、自分たちの身が危ないと思ったときの、時折の殺戮を除いて、自分たちの労働力の抹殺が得になるとは思わなかった。道徳とか同情心ではなく、これが植民地化に一定の歯止めを与えた。

なぜこのような暴力が単に続くばかりでなく、増幅し、過激になるのか。旧植民地人の評論家は困惑して、何とかその解釈を見つけだした。この暴力は、植民地化から受け継がれた悪しき習慣であり、もう一つの傷痕であるという弁護だ。もっとも、植民地人が植民者から暴力を受けたときには、人々はこんなに心を乱されなかったのだが、まあそれはよいとしよう。人は何とかして罪悪感から逃れようとするものだ。しかし、今問題なのは、旧植民地人同士の、同胞に向けられる暴力である。そしてこの場合も、時は過ぎたのに、どうしてまだ暴力につきまとわれるのか。とりわけ、なぜさらに深刻になっているのか。独立戦争時の極限に達した暴力は記憶に生々しい。しかし、それは敵に対するテロ行為だった。今、誰を相手にテロを行おうとしているのか。南アを訪れた者はみな、燃えるタイヤを首にかけ、政敵や単に経済上のライバルでさえ殺してしまう、身の毛のよだつ話を聞かされる。テレビに、民族間殺戮の犠牲者が必死に訴えるシーンが映っていた。彼らは命乞いではなく、斧より簡単で、怖くない銃で殺してくれと懇願していた。アルジェリアでは、両親の目の前で子どもが首を切られ、またその逆も行われた。脱植民地化の過程で、捕らわれたフランス兵はペニスを切断され、口に押し込まれた。憎悪がこうしたひどい行為に導いたという。人はこうしたおぞましいやり方を続けなければならないのか。ラマダン中に煙草を吸う者の鼻を落とすことや、生き残った者の苦しみを増すために爆弾に釘を詰め込むことが必要なのか。ボリビア人が得意の卑劣な誘拐や、マグレブでの異教徒間の結婚から生まれた子供の誘拐さえ容認しなければならないのか。

たしかに、どんな社会も暴力的である。より根本的に言えば、人間はこれまで内なる暴力を制御することができていないのだろう。暴力に対しては、別の暴力で対抗することしかできなかった。暴力をすべて非合法にはできなかった。キリスト教徒は、開祖の教えにもかかわらず、戦いをやめたためしがない。内輪の争いもあったし、時には精神的指導者が指揮する戦いもあった。異教徒を滅ぼすよりもはるかに重要な異端派狩りをやめるにはずいぶん時間をかけた。キリスト教徒の共通の歴史には、虐殺、火あぶり、拷問がふんだんに出てくるが、それでも最後にはやらないようになった。おそらく、暴力への執着は、人間の不十分な社会化、本質的動物性の証拠なのだろう。しかし、人類の進歩はみな、暴力の儀式化の試みでもあり、全員の暴力をあずかり、その代わりにメンバー各人を暴力から守ろうとした。これまでのところ、旧植民地社会は、その政府の形態がどうであれ、成功するにいたっていない。もしかすると、それらの社会には、より激しい潜在的暴力があり、破壊と自己破壊という形を取らざるをえないのだろうか。なぜバグダッドの略奪者たちは、元有力者の邸宅を空にしたあと、家を破壊し、時に火をつけたのか。まるで、略奪や放火は貧しさでは説明がつかず、いわば純粋な、ほとんど無欲の暴力として解釈されるかのようだ。一七八九年のフランスの反逆者たちも同様に、壮麗な宮廷や貴族の館、教会の建物を共有の遺産として保存するのではなく、火をかけて破壊した。暴力と、その総合的表現である戦争は、未完成の法律の欠けている部分、つまりジャングルの残存のしるしである。

遅れて生まれた国家

一つの国家が存在するためには、一つの共通の計画が必要である。自分の国を建設するために、自分の内部において必要だし、また他の国々の間で、場合によっては他の国々に対抗して自分の場を獲得するために、自己の外部に計画が要る。そして、設計図を描くのは、その計画が何ほどか実現可能であると思われるときだけである。ところが、新生国家の内部では、暴君がすべてをブロックし、すべてを自分と自分の一族に引き寄せる。脱植民地化国家は、老人の産んだ子どもに似て、やせっぽちで、病弱、熟す前にひからびた果物だ。脱植民地人が作ろうとした国家は、本当のスタートを切る前に、疲れ切っていたように見える。この国家は、歴史的ハンディキャップを負わされている。生まれるのが遅すぎた。原因はいろいろある。植民地化がもたらした半睡状態（これは睡眠薬を飲んだあとのように長く続く）、国民の永続的昏睡状態、最近やっと定まった国家領土概念のあいまいさ、超国家的なまとまりにつねにあこがれを感じる傾向など。西欧による植民地化が、何世紀にもわたってアラブ人を臣下にしていたオスマンを引き継いだことを、みな忘れすぎている。ともあれ、この不運は完全には克服されなかったし、もはや克服不能だろう。

最初のアイデンティティの高揚期が過ぎたあと、脱植民地人が植民地時代を懐かしがるという事態が起こる。これはもちろん、冗談だが、どんな冗談にもそれなりの理由がある。かつて人々は身を危険にさらして戦ったが、戦いは現在の無気力状態よりもずっと心躍るものだった。人々は勝利のあとに得るはずの自由にあこがれた。今、それが何の役に立つか。誰に対抗して、何に対抗してなのか。現在、どんな目的で戦うべきなのか。昔の疲労がじわじわとわいてくるようだ。

脱植民地人の民族的あこがれには、もう一つの逆説がある。彼らの国家は、そのモデルになった西洋起源の国家像が世界の他の地で薄れ始めているときに、やっと確立した。その像は、十九世紀にヨーロッパの大部分の国民を突き動かした熱い新しいエンジンではもうないのだ。われわれは国民国家の終わりに立ち会っているらしい。好むと好まざるとにかかわらず、今築かれつつある新ヨーロッパは、歴史的使命を終えて、歴史の舞台から退場したがっているように見える伝統的諸国家に全面的に対抗する形でできている。やがて、これはアメリカ合衆国や、インドや中国をさえ見習う、一つの帝国にますます似ていくだろう。これらの国は、その外見とは逆に、ヨーロッパ的な国家であったことは一度もない。

脱植民地人はこうして、次第にぼろぼろになりつつある国家的現在と、あいかわらず混沌たるユートピア的幻影の間を、蟹のようにジグザグ歩きせざるをえない。彼は独立の楽しみにはもう飽き飽きしている。主権のしるしや象徴にもあまり心を動かされない。国旗だとか、小さい国だけに一層多すぎる外交団とか、中身が貧弱なだけに一層どぎつい文化行列とか、貧しい国だけに一層盛りだくさんの立食パーティーとか。それに、誰もがそういうところに近づけるわけではなく、カクテルで栄養は取れない。そうではなく、彼がいつも必要としているのは、外国へ行くためのビザである。だが、彼は強大国の国民でないから、ビザはなかなか出してもらえない。やっとドルを払って、ビザを与えられる。だが、彼の国の通貨は国際市場では弱すぎ、何よりも変換不能で、無価値に近いから、割り当てられるドルは、ごくささやかでしかない。彼は、自分の国が弱すぎて、結局、衛星国になるしかなく、あんなに苦労して手に入れた独立がいつも脅かされていることを、認めざるをえない。

そこで、例の〈アラブ国家〉なるものに戻ることにする。この言い方はよろしくない。なぜなら、これは、例えばかつてのオスマン帝国になぞらえるような国家ではないからだ。夢想家たちは、イスラムが既知の世界の半分を統一していた、あの時代に戻りたがり、今もあの壮大な過去を夢見ている。しかし、歴史は移り、脱植民地人はそれを知っている。どのようにしてマグレブ人とイラン人とシリア人に同じ帽子をかぶせられるか。北アフリカだけでも、風俗習慣、自由についての考え方はもう同じではない。チュニジアとリビアは合併しようと試みたが、それぞれの指導者の心変わりの時までしか続かなかった。エジプトとシリアについても同様である。ヨーロッパや合衆国は、恨まれながらも、羨望と賛嘆を受けているが、一つながりの領土空間をもっている。大西洋からインドまで広がるようなムスリム・アラブ帝国をどのようにして新たに統一するのか。現在、利害はてんでんばらばらであり、長く伸びきった蛇のように、いくつかに分割せざるをえない。今日、モロッコ、アルジェリア、チュニジアは、イタリアやフランスのような別の地中海国家との結びつきの方に関心を寄せている。こうした国々はすぐ近くにあり、ムスリムのパキスタンやインドネシアに比べて、一定の人口学的共同体を共有しているのだ。

原理主義者たちが、おそらく計算と確信の両方から差し出し、押し付ける宗教的接着剤がある。散発的に起こる運動は誇大にふくらませて伝えるように配慮する一方、同じくらい重要なはずの、世界のあちこちで見られる無関心層、ためらいがちな者、無信仰者の目覚めには、触れずに無視する。ジーンズを捨ててジェラバ（マグレブ地方で着る長袖フード付きの衣服）を着る一部の若い狂信家たちに焦点を当て、ジーンズをはき続けるはずの多数派については知らない振りをする。どこにも、本物の宗教的再生など存在しない。そう信じる振りをしているだけだ。宗教家は宗教家のままだし、無信仰者もそのままである。その代わり、あるのは、宗教を政治的目的に利用しようとする企てであり、原理主義の戦略のおかげで、諸国家の協力の中でもっと大きな地位を得ようとする意図である。しかし、不信心者というか、慎ましい不可知論者は、ただ順応主義と連帯からイスラムに従っているだけだから、信仰をもっている振りはできないだろう。もし原理主義者たちが勝利したら、彼はどうなるだろうか。これまで得たものをすべて諦めなければならないのか。すでに身につけたものは、たしかに西洋から借用したものが多いが、もうすっかりなじみ、彼の人格に同化しているのだ。より一般的に言えば、不合理なもの、群衆がこぞってうち震える感動の源にある宗教が、自分の同化しようと願う近代世界の挑戦にもはや応えてくれないことを、彼は知っている。産業化やアフリカのステップ地帯の再肥沃化の秘訣をコーランの中に見出せないのは、確かだ。

こうして、脱植民地人は板挟みの状態で、身動きが取れない。どこから吹いて来るにせよ、風は体に悪い。国民国家は十分に形を整える前に消耗してしまった。若い世代は、テレビの影響で国境の先を眺めて暮らすことに貪欲だが、彼らが要求する新しい社会を、この国家はきちんと作れなかったのだ。庶民の日常生活はさっぱり良くならず、その上、腐敗と弾圧が相次いだ。指導者の中のきわめて大胆な者でも、おずおずと改革を試みてから、全身硬直で動けなくなる。どんな改革をやろうとしても、まわりの同じ立場の者たちの不安を呼び、彼らから猛烈な圧力がかかり、反対され、時には、混乱の種を蒔かれる。ブルギバの後継者、ベン・アリは前任者の成果を残そうとしたのだが、サウジアラビアが介入し、彼は女性に与えられていた諸権利をふたたび取り上げ、国のイスラム化をさらに強化させた。

そこで、脱植民地人は、アラブの歴史の統一がなった幸福な時代を時に自慢したがり、今も夢見るかもしれない。北アフリカの統一（現チュニジアのファーティマ朝が九六九年、エジプトに東遷、北アフリカの統一を完成、九七三年、首都をカイロに定める）と、バグダッド王朝の統一の二つの時代である。もっとも、これは歴史的現実というより、千一夜の世界に属するので、そこでは、アラブ人は裕福で、気前が良く、科学、芸術、哲学の豊かな生産性に満ちていた。それが現在はもうすたれた神話の類であることを、彼は知っている。当時の科学、例えば、彼が誇りにする中世の医学は、まだどんな価値があるのか。もはや歴史的好奇心の対象にすぎず、進歩博物館にしか入る場所はない。ブラック・アフリカには、超民族など存在したことがないから、すべてを作り上げなければならない。この種の努力がまったくないわけではない。もっとも、この神話は、その実現には、現在の秩序をひっくり返す必要があるから、少なくとも最初のうち、無害であるかどうか、難しいところだ。とにかく、原理主義に戻れば、ムスリム・アラブ諸国家は否定されるし、その政府は、自分が倒れる結果になることを知っている。原理主義者たちもそれを知っている。国家の理想は曲がりなりにも、宗教的影響力の緩和、女性の奴隷的条件の改善、私生活への支配の軽減など、自由の成果を運んでくれたが、原理主義者はその理想を終わらせるとともに、自由を抹消し、現代国家に共通する法を廃止させるだろう。

無権利の国

不公正な法よりも悪いのは、法の不在である。不公正な法は修復可能な無秩序だが、法の不在は専制の支配であり、そこでは、何でも誰にも起こりうる。絶えることのない腐敗や、多くの経済分野での専制君主の近親者の支配や、一部の人間の疑惑に満ちた成り上がりぶりを誰も告発しないことが、とりわけ外国で憤慨の対象となる。権力の横暴、例えば、政敵、ジャーナリスト、批判的人間が誘拐され、家族もその安否がわからないといった事態に対する調査がほとんどないことを、スキャンダルとして騒ぐ。だが、それは単純すぎる。専制は本質上、不透明なのだ。専制は、白日の下で機能しない。専制は自らの決定を正当化し、その証拠を提供すべきなのだが、するわけがない。民主主義の定義では、そうなるのだが。だが、民主主義は、第三世界、とりわけムスリム・アラブ世界の政治慣行にはまだ異質なままだ。

植民地時代、権利は特に植民者のために役立ったが、それでも、違法行為には限界が設けられていた。植民者は嫌々ながらも、本国の同胞を考慮に入れなければならなかったし、本国人は植民者の利益にそれほど関心はなく、帝国のはずれにまで共通法をある程度押し付けるには十分民主的だった。ところが、植民地法が廃止されたあと、それに代わるものはなかった。専制君主は誰にも遠慮が要らなくなった。彼は、しっかりと独立した別個の権力が、仲介者として、成長するのを許さなかった。例えば、君主と脱植民地人との間に立つべき司法がそうで、脱植民地人が訴訟を起こそうとすれば、唯一の判事に当たる君主に直接おうかがいを立てるしかないのだ。この無制限の権力がもたらすのは、無制限の不正の可能性である。この点では、マグレブ諸国家とブラック・アフリカの最悪の専制との間に違いはない。モロッコの前スルタンは、植民者の設けたのよりもっと恐ろしい徒刑監獄をもち、何十年もの間、有罪者の妻と子どもを、彼の下した刑罰で追い回した。

この権利の欠如がはるか昔にさかのぼることは、確かだ。すべての市民はずっと以前から権力の意志に委ねられていたし、その権力は、より大きな力をもつ別の権力に属し、こちらはまた神を後ろ盾としていた。オスマン・トルコ時代、チュニスあるいはアルジェの地方長官は、臣下の生殺与奪の権利をもっていたが、彼らは理論上、オスマン宮廷の委託者にすぎなかったから、その決定について、宮廷の指示を仰がねばならなかった。どの頭も、誰の肩の上に載っているのか、確信はなかった。サウジアラビアのワッハーブ派（復古的立場からイスラムの純化を目指す改革運動）体制は、正統ムスリム世界を代表するものだが、古い伝統を温存することしかしていない。人々は、植民者に対する反抗がこうした封建的な慣行を覆す動きにつながることをひたすら願っていた。だが、革命は起こらなかった。社会主義支持で民主派のリーダー、国民の独立の父であったブルギバは、晩年、恩赦（一九七八年に大量の組合運動家を逮捕したが、一九八〇年に恩赦した）の時期のあと、独裁者に変身した。彼が無益に虐待し、罷免した年老いた君主よりひどい存在になったのだ。新しい諸共和国の大統領たちは、大体において、植民地権力の一番専制的なところを真似している。

専制君主にとって都合の良すぎるこうした状況には、どんなブレーキもかからず、彼はますます勝手な処遇、合理的な裁判システムでは当然の罪刑法定主義には無縁の、無秩序な制裁への誘惑に駆られる。

喫茶店での一言で刑務所行きとなったり、疑いをかけられただけで、将来が閉ざされたりする。人口六千万人のフランスに、囚人の数は五万人である。キューバという小さな島には、十五万人いる。その多くは言論犯罪であり、しかも裁判抜きか、あるいは権力に弱い即決裁判によるものが大半である。そこから、警察の無制限の闇の権力が生じる。警察は専制君主から信頼されているからだ。キューバでは、ハバナには二百万の市民に対して百万の警官がいると、冗談として言われる。この体制は不動だから、予測しうるどんな変化も望み薄だ。自然に崩壊するしかない。だが、小さな揺れが起きるたびに、体制は逆に硬化する。一九八一年、エジプトに非常事態宣言が出たが、その後もずっと出たままである。気晴らしとなるデモが許可されるケースは限られている。タリバンは怖いが、アフガニスタン支援、いつもどおりのパレスチナ支援、その行き過ぎにはためらいながらも、イラク支援。これくらいだ。それは、安全弁というか、当局によるガス抜きであり、そうやって大衆に、見せかけの自由をもっていると思わせるのだ。脱植民地人の国は、無権利の国であり、そこでは制度的暴力が支配するので、抜け出す唯一の方法は、さらにもっと暴力的な暴力しかなくなる。原理主義者たちはそれを知っており、自分たちの時が来るのを待っている。彼らがうち立てようとしている〈神の法〉は、宗教指導者の法でもあり、専制君主が与えたわずかばかりの自由さえも、抹殺するだろう。この法は司法の空白を作り、宗教的独断の世となるだろう。

病める社会

ここで、イスラム・テロリズムと名づけられたものを考えてみる必要がある。世界はこの出来事を前にして、ただ茫然とし、解釈のしようがない。道徳的にスキャンダルであるばかりか、前代未聞の理不尽さである。しかし、理不尽さにもそれなりの論理があり、背徳にはそれなりの弁明がある。イスラム・テロリズムは、アラブ世界を突き動かす絶え間ない暴力の極端な変種である。これは、まったく新しい現象でもないし、イスラムの〈神の狂人〉は、他の狂人たちより余計に狂っているのではない。ベトナムで、アメリカ人、フランス人、ベトナム人を問わず、通行人を無差別に殺す爆弾が屋台に仕掛けられた。アルジェリアの民族主義者は、それを範と仰いだ。これ見よがしの自殺でさえ、斬新なものではない。韓国の僧侶たちは、ヨーロッパ人にショックを与えるべく、わが身に火をかけた。あのチェコ人の学生、パラフ（一九六九年一月、ソ連軍のチェコ侵入に抗議してプラハで自殺）のことはみんな覚えている。彼は、国の政策を変えさせようと、広場で同じように焼身自殺した。どれも自己犠牲的行為であり、大部分の文明に見られるものだ。また、ムスリムのカミカゼ〔自爆犯〕は、現世よりもすばらしい来世、彼岸の楽園を、自分の献身のご褒美として信じている。この特徴さえ、やはり独創的なものではない。これは、歴史に聖別してもらおうとする、すべての信者や強固な信念の持ち主が漠然と願っているところではないか。相手かまわず襲ってしまう、こうしたやみくもな行為の背徳性が、まさしく告発の対象になるが、しかし、都市の上空から爆撃する飛行士は、誰が犠牲者になるかを気にしているだろうか。政治的な、あるいは愛国的な配慮が、道徳原理に優先するのは、これが初めてだろうか。過激なパルチザンにとって、第三者にもたらされる損害は、彼らの大義がもつと思われる重さに比べれば、どれほどのものか。テロリストの指揮者たちにとって、政治的殺人は、暗殺ではなく、彼らが遂行している戦争の一つのエピソードである。テロリズムを、自殺テロリズムも含めて、理解するには、犠牲者の目で眺める（当然かつ正当なことだが、犠牲者は自分たちの苦しみに平静ではありえない）だけでは十分ではない。テロのスポンサーと実行者の観点から見なければならない。そうすると、その行為が同じ意味をもたず、同じ憤激を引き起こさないことがわかる。あるパレスチナの指揮官が説明した「われわれには飛行機もタンクもないから、われわれの戦い方はこうなるのだ」と。

明らかに、自殺攻撃の独自性は、その斬新さでなく、過激さと対象の無差別さにある。だから、前代未聞の武器となった。僧侶たちは、ただの一人も、自分たちの死に巻き込まなかった。目標の上に爆弾を落とす飛行士は、例外はあるが、その爆弾が無辜の民を殺さないよう願う。ムスリムのカミカゼは、自分と同時に、最大数の人々を殺そうとする。罪のある者もない者も、彼の戦いに巻き込まれている者も、いない者も。この二つの死は結びついている。彼は、自分自身の生命を斟酌しない以上、他人の生命を斟酌しなくても良い。「真のムスリムなら自分の両親も子どもも犠牲にして良い」と、ニューデリーで最も重要なモスクのイマーム、マウラーナ・サイエド・アブドゥラー・ブハリは言い切った。イランの人たちは、子どもたちをイラク軍の毒ガスの前に送るのをためらわなかった。もっとも、子どもたちの首に天国への鍵を付けてやってはいたが。自分の子どもでさえ犠牲にすることをためらわないのだから、どうして他人の子どもにかまっていられるだろう。カミカゼの行動には、帰還不能が織り込まれている。彼は知っている。その行動のあと、生き残らないことを受け入れている。どの社会にも、集団の生き残りのために自分の命を差し出すヒーローが生まれるが、ヒーローというのは自分の命を危険にさらしはするが、命を諦めるのではない。たとえ彼が栄光を勝ち得ることを願うとしても、危険を冒すことで、彼は称えられるのだ。疫病に襲われた国に入る医師団は、自分たちが同じ病気にかかるかもしれないし、多分死ぬかもしれないことを知っている。しかし、自ら死を求めているわけではない。戦時中の日本の宣伝とは違って、日本のカミカゼは心も軽く死に向かったのではないことを、今日、われわれは知っている。アラブのカミカゼは、死以外の何物をも待ち望まず、心から死を待ち受ける。彼の特殊性は、この枠の中に存在する。ここではまさしく、確実な死がすべてを廃止し、すべてを無視しうるもの、無意味なものにする。すべての裁判機構もその中に入る。自殺攻撃は、人間社会が苦労して獲得した規則、戦争の道徳化のささやかな試みをも廃止してしまう。これは、人間社会が次第に人間化に向かって歩んできた足取りの逆戻りである。自分の仕事をしていたにすぎないジャーナリストの首が切られ、世界各地から来た観光客が誘拐され、機関銃で殺される。彼らの罪は、ただ楽しみたかっただけなのに。カサブランカで、恐るべき襲撃（二〇〇三年五月十六日、死者四十四人の犠牲が出た）の前に、モスクの中にまで配られたビラには、女も子どもも、いっさい例外を作らぬようにとの勧告があった。彼らは全員有罪であり、全員死に値すると。同じ正当化がパレスチナの指導者によって主張されている。イスラエル人は、一人残らず攻撃の対象にしなければならないと。イスラム・テロリズムは、全世界に向かって宣戦布告したかのようだ。それに、自分の目的に同調しないアラブ諸国に対しても。チュニジア、モロッコばかりか、ムスリム・アラブ世界の第一の聖域たるサウジアラビアさえも、攻撃の対象にされた。つい最近まで、パレスチナのカミカゼは、イスラエル人とユダヤ人を標的にするにとどめていたのに、闘いは今、世界全体に広がろうとしている。

ところで、こうした無茶苦茶な行為が、アラブ世界において、口を揃えて非難されることにはならない。アラブ人がみな〈神の狂人〉になったわけではないが、多く見られる反応は、断固たる批判よりも、とまどいと不安の混じった寛大さ、「私たちも困るんだけど……」であり、さらには、感謝を込めた賞賛を隠さないこともある。「私たちはみんなビン・ラディンだ」というのが、パリ郊外、カイロやラマラ（パレスチナ自治区、アラファト議長府があった街、エルサレムの北、一五キロメートル）の街頭で、頻繁に聞かれた叫びだった。そこには、誇りとついに復讐を果たしたという気持ちがあった。まるで職のないこれらの若者たちがニューヨークの高層ビルの破壊に貢献したかのようだった。ビン・ラディンは、ムスリム・アラブ共同体全体の腕の働きをすると思われている。ハイジャック犯は、職人的爆弾仕掛け人の洗練された技術的変種であるが、彼らは全イスラムのために身を捧げた。「彼らは殉教者だ」。カミカゼは孤立者ではないし、制御不能の衝動に駆られて行動する〈狂信者〉ではない。彼は勧誘員の募集に応じ、技術チームの支援の下、キャンプで訓練を受ける。サウジアラビアかパキスタンのパスポートをもち、最近はイギリスやフランスのパスポートに代わったが、すべてアラブ諸国の政府が資金を出している。世界の地理を股にかける、こうした多様性のおかげで、漠としてはいるが、心を励ましてくれる連帯が芽生え、共同の勢力を回復したという意識が生まれる。「ムスリムが殺される」という無力感にさいなまれた叫びに対して、これからは全ムスリムを代表するカミカゼの反撃が応えてくれる。

しかし、この血塗られた行為に翻訳される表現は、同時に弱さの告白でもある。「われわれは飛行機をもっていないし、もっているアラブ政府は、使う勇気がない。奴らは裏切り者だ」。その意味は、また次のようでもある。「われわれに選択の余地はない、こうした限られた行動に甘んじるしかない。われわれは、自分の力の及ばぬ歴史に翻弄されている」。

ここで医学用語を使わせてもらうと、ムスリム・アラブ社会は深刻な抑鬱症候群に悩み、そのため、現状に対する解決策を見出せないように見える。アラブ世界は、四方から取り囲む近代世界に自己をうまく適応させる変革の道をあいかわらず見つけられなかった、というか、考えたくなかった。自己についてよく検討し、診断に従って、必要な治療を受ける代わりに、他者に自分の機能不全の原因を求めようとする。アメリカ人が悪い、ユダヤ人が悪い、不信心者、異教徒、多国籍企業が悪い。自分と世界の相手との関係の重要性をきちんと評価し、また植民者の帝国を受け継ぐアメリカ帝国の勢力の伸張についても正しく判断した上で、この停滞の内的な原因が何であるかを考える方が、ずっと有益だろう。アラブ世界はまた、古典的な投影という心的機構によって、他者にあらゆる罪、堕落とか、価値観の喪失とか、物質主義、無神論などを負わせる。自分を吹き飛ばすカミカゼは、このおぞましい世界、自分にも同胞にも生きられなくなった世界を吹き飛ばさなければならない。手引きする者は彼にそう納得させることを引き受けた。これは、一部の者たちが信じさせたがっているような単に貧しさの問題ではなく、二つの社会の対決である。一方は、開かれ、冒険好きで、活発で、したがって危険が一杯の、不正で、堕落した社会、もう一方は、固まり、閉じこもり、この挑戦に立ち向かうには無力だが、しかし道徳的で、神への従順によって正しいと認められる社会である。アラブ社会は行動する能力を欠き、危機の時だけ、有罪とされる者たちに対する殺人のトランス状態でのみ、いくばくの安心感を得る。イスラム・テロリズムは、こうした無力さの最も警戒を要する兆候の一つに他ならない。それほど険悪ではない他の兆候も、やはり重要な意味をもつ。民主主義の不在、腐敗、司法の弱さと不公平、女性に押し付けられる不利な条件（幽閉、クリトリス切除の暴力、劣った法的身分など）と、その子どもの教育への影響（彼女たちの手に委ねられ、そのまま愚民化が続く）、セックスの冷遇、根深いトラウマの原因になりかねない遅い割礼、男女分離から生じる欲求不満、自由な合理性の正常な働きを妨げる宗教の強い影響力、知識人の迫害、批判精神の抑圧は、みなつながりあって、マイナスの全体を形作る。

痙攣のように起こるアラブ世界のテロ行為が何らかの有効性をもっているのならまだしも、従順でない、あるいは不安に怯えるアラブ諸国を含めて、世界のいたるところに襲いかかるテロリズムは、勝つ手段をもっていないのに、全面戦争を引き起こした。そして、世界規模の反撃を呼ぶ危険に直面する。ヨーロッパはためらっているが、合衆国はその方向で理解を進め、二〇〇一年九月十一日の前にすでに準備を始めていた。イスラム・テロリズムは、共通の法を歯牙にかけず、自らを法の外に置き、後ろにムスリム・アラブ世界の悲惨な姿が続く。したがって、テロリズムはアラブ世界の不安を和らげるどころか、悪循環で不安を育てる。桁外れの暴力が世界の未曾有の敵意をかき立て、その敵意が不安を煽り立てる。

出国志願者

こうした悪夢をはさんだ無気力状態に、時折、意識が戻るかのように、自責の念がわいてくることがある。脱植民地国家の専制君主たちが、彼らの首都の一つに集まる。威風堂々、時には民族服を着飾って、この出会いに花を添える。抱擁しあい、賛辞と約束を交わしあい、警告や悪態を投げあうこともある。裏切り者に烙印を押し、全世界を告発するという中身の、厳かな宣言の文案を錬る。ついで、おのおのは護衛兵に守られ、メルセデスに乗りこみ、何事もなかったかのように、自国に戻って、平常の生活を繰り返す。

ほんの少しだけ他よりは勇気のあるジャーナリスト、より不平家の知識人、中でも外国暮らしの者たちは、どうしてこの権威ある会合から一つもまともな計画案が生まれたことがないのかと、もう一度自問する。怒りを込めて、あるいは憂鬱な思いで。だが、彼らは、専制君主が本来、また本人の意志で、じっと動かぬことを忘れるか、忘れた振りをしている。専制君主は、真面目な計画など立てる能力も意欲もないから、立てないのだ。

事実は、脱植民地人があっという間に展望を失ってしまったということだ。またもや、彼は辛い決算をやり直さなければならない。脱植民地化が経済・政治・文化の三重の期待であるとすれば、彼は、自国がそのうちのどれ一つもうまくできなかったことを、残念ながら認めざるをえない。西欧諸国の繁栄に比べられるような、国民の大半に行き渡った繁栄に、彼はあずかっていないし、自由の顔であり、保証である民主主義も、批判精神の成果である芸術も文学も科学も知らない。そして何よりも、前途に変化の希望が見えないのだ。彼の失望は、失われた幻想に見合うものだ。作家である知人が、溜息をつきながら、私に漏らした。「私たちは多分、民主主義をもつまで成長していない」。私が反論して、例えばブラック・アフリカには興味深い試みがあったではないかと、彼を安心させようとしたが、彼はからかうような口調で答えた。「その結果、どうなったか、ご存じでしょう、カオスですよ。私たちはカタレプシー〔強硬症〕を病んでいる、まあこれは仕方がない。でも彼らの方はどうかと言えば、大混乱の中ですよ」。

では、専制と果てしない無秩序のどちらかを選ぶ以外にないのだろうか。どうやら治療不能な病気を前にして、諦めるか、逃げ出す以外に、何ができるだろう。脱植民地人は、こうした出口のない未来を前に、脱出を夢見る。要するに、彼は移民志願者である。ますます狭く、息苦しく思われる自国の中で、彼は潜在的移民である。

もし旅立つことに決めるとしたら、旧本国を考えないはずはない。時間が和らげてくれた昔の嘆きは括弧に入れ、植民地の楽しい瞬間、海辺、夏の夕暮れ、フランス人との友情だけを思い出そうとする。まるで夢がいずれ現実となるかのように、彼は自分がすでに国外にいると想像する。彼は旅行に出る、まず観光で、あるいは保養のために。親戚を訪ねる。もし余分な資金があれば、何でもいいから、向こうに投資する、利益はそのまま置いておく。自分でまだ疑念があれば、自分に言い聞かせる、旧植民者ではなく、本国人、〈フランスのフランス人〉〔過去には、自由、正義の尊重、さらに平等という上質のお墨付きだった）のところに行くのだと。フランス共和国のモットーも、自由、平等、友愛ではないか。彼は、とにかく、旧本国とこんなにも多くの絆をもっているではないか。彼は本国の文化になじんでいるではないか。彼はそのことばを話せる、これは、移民となったとき、大いに生活の役に立つではないか。彼は喜んで本国の製品を買っているではないか。知人、友人で、思い切って決断し、パリ、リヨン、マルセイユに定住した者たちを訪ねると、なじみのよその県に来たような気がする。おまけに、彼らは楽園みたいなことを言う。観光客が、事実はともかく、自分を納得させようと、バカンスで過ごしたところがすばらしかったという話ばかりするように、もっと共同体を大きくして、にぎやかにすべく、仲間に加わるよう勧める。隣人が一時帰国の際、新車に洗濯機やらラジオやらテレビやらを満載し、車も含めて全部売って行ったのも、彼は見ている。それに、家族の暮らしが、夫、息子、兄弟の送金で成り立っているケースも多い。

念のために、今度は具体的な情報として、彼は労働市場について知り始める。何か手に職があれば、口を見つけるのが、楽だろうと思う。体力しかないとしても、作業員、街路清掃人、下水掃除作業員など、どうやら富める国の甘やかされた若者たちがもう就きたがらない職業の仲間に入るのは、もっと簡単だろう。それでも想像の中で、まだ何か当惑を覚えるとしても、あるいは自分の国を捨てることに少しやましさを感じるとしても、自分には選択の余地がないことに、だんだん納得していくはずだ。知識人は亡命と沈黙の間で、つまり、精神的死か、仮面か、逃走の間で揺れなければならない。最終的に、出身国よりも外国、それも旧本国に、より多くの知識人と作家がいることになる。逆説的なことに、彼らはそこでずっと自由に言いたいことが言える。というのは、彼らは習慣と自国民との連帯心で、その受け入れ国を告発し続けるのだが、何の危険もなく、自分の権利を主張することが許されるからだ。この逆説的状況は、原理主義者たちの利益にもなる。彼らも、受け入れ国で、自分たちの信条と権利要求を激烈な調子で述べることができる。もし彼らが自国で権力を得たら、許しはしない表現の自由を享受しているからだ。ロンドンのイマームが説教するときは、サウジアラビアのイマームよりあからさまに激烈である。テロに巻き込まれたムスリムのフランス人が静かな口調で断言した。「フランスはイスラム国家になってしまう、間違いなく」。奇妙なことに、出身国から発する危険がやはり変わらずに彼らの身に及ぶ。彼らが国を出たことを、そしておずおずと忠告することを、国は許さないのだ。彼らが同胞を、それも外部から批判しようなどと、どうして思いつくだろうか。サルマン・ラシュディやタスリマ・ナスリン（バングラデシュの女性作家。一九九四年、『恥』で、イスラムの女性抑圧を批判し、ラシュディと同様、死刑判決を受ける）の時代なのだ。彼らは国を離れて、自国にとどまったよりも、真実と同胞のために働くのに、彼らは呪いのことばを投げつけられ、命を取ると脅されるのだ。

もちろん、出国を夢見る志願者たちが全部、旅立つわけではない。彼らはもう冒険する年齢ではないから、新しい生活に立ち向かえない。帰属、つながり、財産によって縛られている。しかし、若者、元気な者、何も失うものがない人々は、いずれこの夢を実現しようと試みる。あの〈ヒッティット〉（一七頁参照）たちは、すでに旅立った人たちの手紙が出された国の話ばかりしているに違いない。あちらでは、仕事に就くのは、めったにない幸運ではないとか、女は通りに溢れ、自分のお気に入りの男を選ぶつもりでいるとか、公の場所でも、上司に逆らっても、自由にものが言えるし、それで、すぐ捕まることも、ぶち込まれることもないとか、法律と裁判所がしっかり守ってくれるとか、経済的恩典があるとか、外国人でも援助がもらえるとか、医療が無料だとか、要するに、自分の国ではほとんどすべて不可能なのに、あちらでは何でもできる、ということになる。独立後初めて、フランス大統領が訪れたとき、アルジェリアの若者たちは、他の国の若者とは違う反応をした。普通は、著名な訪問者を保護する役目の警察に抵抗しながら、「某を倒せ。誰それ万歳」と叫ぶものだが、彼らは、「ビザをくれ、ビザをくれ」と叫んで、自国の高官たちを恥じ入らせた。若者たちはそうやって、国を出る、それもできれば正式の書類をもって出る固い決意であることを、告げていたのだ。やがて、彼らは書類なしでも、どんな価を払っても、必要なら命を懸けても、海を渡り、国境を越えて行くことになる。楽園は、あらゆる危険を冒すに値しないだろうか。実際、煉獄にいれば、天国以外のどんな夢を見られるだろうか。いずれせよ、こうやって移民ができあがっていく。

移民

二重に祝福された国外移住……

脱植民地人のこの肖像については、ずっと以前から私は考えをめぐらしていたのだが、今まで手を染めないでいたのは幸運だった。もしそうしていたなら、次の二つの際だった特徴を欠いたものになっていただろう。すなわち、移民の量的増大と暴力の著しい増加である。これらは無視できる現象ではなく、旧植民地国家の現状と、それら諸国家と他の世界との関係という二つの面において、重い意味をもつ。

移住は植民地独立に特有の問題ではない。経済的・政治的に弱体な大多数の諸国においては今までも移民はあったし、現在も存在している。移民は、貧困、恐怖、飢餓、あるいはフラストレーション、出口の見えない将来がもたらす結果であり、これらが人々に生まれ故郷を離れさせる。移民の数は時代によって変わるとしても、歴史とは移住の歴史でもあり、だから混血の歴史でもある。古代ギリシャ、地中海全体は人口の絶えざる移動の舞台であった。イタリアとアイルランド、それにまたポルトガルとスペインが特に大量の出国者を生み出した。そして、私たちは人口移動が加速する世界的流動期に入ったのかもしれない。しかしながら、移住の問題は旧植民地国家において独自の相貌を呈している。ここでは、個人の欲求、その個人が属する国の側の親切な配慮、そして受け入れ諸国の躊躇、こうした諸要素の間で公式・非公式の妥協が生まれ、その結果移住がなされる。

歯止めなく子を産むことに肯定的な宗教の影響や、多くの場合意図的な多産奨励の無責任な政策の影響を受けて、人口増が止まらず、過剰な数の若者が誕生する。彼らはとりわけ職がないから、よく騒ぎを起こし、また時には非行に走り、国外移住以外に出口が見出せない。もう一方で、国の資源開発は進んでいるとはいえ、増大する需要にはとても追いつかず、最低の生活レベルさえも保証できない。無能な指導者たちは余剰人口の削減の誘惑にかられる。おおっぴらに奨励するわけではないが、それを止めようとする手は何一つ打たない。時にはひそかに手を貸すことさえある。モロッコでは国外移住者に帰国を思いとどまらせようとしていることは、確かだ。外交用の声明とは逆に、これらの政府は、在外自国民にヨーロッパ永住を強要しているヨーロッパ人からすれば不幸な犠牲者をだます人肉密売者とみなすどころか、彼らに行政上の便宜を図り、乗船待機のための集合場所を準備し、その安全を確保してやる。これは、被統治者も統治者も等しく望むところである。行き先はフランスやイタリアの沿岸であり、場合によってはそこを足場として、ドイツそして特にイギリスが最終的な落ち着き場所となる。女子どもは半額の値段で認められるが、その存在は、入国審査官の厳しさを和らげるため、高く評価されるとのことだ。

それだけではない。こうした人口の瀉血によって得られる安心のほかに、第三世界の指導者たちは、ヨーロッパ諸国にのしかかるこの圧力の増大のうちに、間接的ではあるが、別の利益を見出した。つまり、政治家たちは、この止めようもない人間の波を減速させることで、有利な裏取引ができるのだ。例えば、漁業領域へのアクセス、より有利な条件での借款や交易、関税の軽減などである。ある黒人国家のリーダーは半ば公然とこれを認めている。「ヨーロッパでは誰も移民の流れを止められないだろう」。これは多分そのとおりだろう。生き延びたいという本能的欲望に対して、できることは大してない。ただ彼が臆面なくこう付け加えたのは間違いだ。「必要とあらば、アフリカとヨーロッパの間に橋をいくつもかけてやる」。もっと歯に衣着せない政治家でこう警告した者もいる。「これからは、アフリカはヨーロッパの尻にぴったりくっついていく」。これらは、いずれも国外移住を良しとする政治的意思の告白でもある。リビアの気まぐれで軽率なカダフィ大佐は、長年世界中のテロリスト運動に財政的な支援をしてきたが、アメリカの懲罰的な空爆後は公然たる暴力行為は放棄せざるをえなくなった。そこで自分の進める対西欧戦争継続のために、国外移住という新手の、そして危険度の少ない武器に頼るしかなくなった。トルコ人、ナイジェリア人、ソマリア人、モロッコ人は好んでリビアに集まり、そこで小船に積み込まれるのだが、スペースがないため、この不幸な人たちは航海中立ちっぱなしのこともあるのだ。用心深いチュニジア人さえこの種の輸送に無縁ではなく、彼らの地元ではよく知られている港を進んで提供している。だが残念なことに、悲劇は食い止められていない。不法越境幇助者は強欲だし、衛生状態は嘆かわしく、闇の世界ではいろいろと策略が弄されてしまう。しかしだからといって、移民希望者の強い気持ちは抑えられない。そして、政治家たちはあいかわらず惰眠をむさぼり続けるのだ。

結局こうして、国外移住というものが、多くの第三世界の国々において、有害で破廉恥なものと評価されるどころか、必需品、交換貨幣となってしまっている。一部の国々においては、やむをえない国家間の競争の一つの構成要素となっているのだろう。特に繁栄している強国と貧困な弱小国との間では、そうなる。より一般的には、世界的地政学の観点からは、移住は平和的拡張の一つの道具だと言えるのかもしれない。だから、移住によるイスラム化というようなことが口にされるのだ。

もちろん、移住者個々人はこうした考察とは無関係である。解決不能なビザの問題を解決し、航空券一枚で地球を半周できる現代において、信じがたいほど不安定で危険な旅行に生き延び、溺れもせず、トラックの中で窒息死、冷凍死もせず、卑劣だが有能なガイドに導かれて、いくつもの国境で入国審査官の監視の目を逃れ、最後の瞬間になっても身分がばれず、追い返されることもなく、人間をチップにしたすごろくゲームのすべての障害を何とか乗り越えたとき、彼はやっと煉獄を抜け出したとの印象を抱くだろう。新しいエルドラドと信じるこの大地に接吻しようと、身を投げ出して地面に顔をつけたくなるかもしれない。

……そして二重の挫折

マグレブ出身の移民はこの点において特権的な立場にある。自国の政府が親切に配慮してくれるだけでなく、受け入れ国の領事館の相対的な寛大さに浴するからだ。観光ビザは取れた。次に彼は、当局側の許可があろうがなかろうが、密入国者の立場に陥る危険性を犯してでも、このビザを延長しようとする。この点はあとで触れよう。お金があればオルリー空港に降り立つことになる。でなければ、何とかやっと地中海を横断してマルセイユに上陸し、サン・シャルル駅からパリのリヨン駅に到着する。これは彼にとって初めての体験ではない。フランスでバカンスを過ごしたこともあるからだ。だが今回はもっと真剣である。定住することになるのだから。だがそれほど心配はしていない。旧本国の文化、それに風習にだってなじんでいる、と彼は信じている。まず何でも大丈夫で、障害はなく、植民地時代の隷属のわだかまりもない。

彼はどこに行くのだろうか。闇タクシーが彼を待っている。移民と見れば誰であれ、出身地、行き先におかまいなく、法律違反の値段を勝手に押し付け、法外な料金を巻き上げる。彼はヌイーとか、もちろんパッシーとか、またバック街とかサン・シュルピス界隈に行くこともないだろう。こんなところに行くのは、不動産代理店か知り合いを通じて、すでに立派なアパートや、時には庭付き邸宅をシャン・ド・マルスとかあるいは首都の富裕な郊外に借りてもらっている場合の話だ。それに、こうした場合は、彼は移民ではなく、〈フランスの友人〉であり、ブルジョワ街の愛想をふりまく商人のもとでお金を気前良く使いに来た者である。本物の移民は、兄弟、従兄弟、友人、友人のまた友人のところに運ばれる。そこは昔の〈スラム街〉に取って代わった〈団地〉の一つであり、パリやリヨンの郊外に位置する。そこだと幸い、物の値段は安く、礼拝所、慣れ親しんだ料理、穀物、スパイス、それにイスラムの教えどおりに処理された肉がたやすく見つかるからだ。

ところが、ここで彼は知ることになる。手紙で知らされていたエルドラド、あれほど切望した約束の地が、もはやそうではなくなっているのだ。職はかつてほど見つからず、警察のコントロールもより厳しくなっている。そして、唖然とする悪循環に直面せざるをえなくなる。仕事にありつくためには滞在許可証が必要であり、滞在許可証を手に入れるためには職をもっていないといけない。街でもメトロでも——これはあるいは彼の想像力のせいかもしれないが——彼に注がれる眼差しは、この国に生まれた人たちが交わしあう眼差しと同じではない。丁寧だが疑わしげに、あるいは無理に愛想良く振る舞って、語りかけてくれるのがせいぜいのところだ。要するに期待していたほど自然には物事は進まない。自分は歓待されない存在なのだと感じられる。大多数の亡命者同様、受け入れ国に感謝の念を抱くけれど、不安なのだ。受け入れ国はもっぱら新たな忠誠心を要求するのみである。自分を捧げる用意のあるこの愛が、自分が選んだ新しい同国人の愛に出会うことはない。悔しいことだが、そう認めざるをえない気がする。こうして移住は、自分たちの不幸を解決するどころか、二重の失敗を意味することに気づく。母国での失敗と受け入れ国での失敗である。

母国についてはもうわかっている。だからこそ母国を離れたのだ。自国民が外地に移住するのは、若い国家が国内問題を解決する能力をもたないことに付随する現象の一つである。子どもに食べさせることができない。最低限の生活水準と自由が保障されないから、息をつくこともままならず、反乱を起こしたくなるのだ。だが、新生国家が国外移住を認め、奨励して、国内がいくらか落ち着くとしても、それには代償が伴うことを強調する必要がある。国の実体が欠けてしまうのだ。健康な若者、多くの場合非常に積極的で、才能に溢れる若者を大量に失うことになる。肉体労働者のみならず技術者、管理職、インテリまでも、より金になる快適な生活をもっぱら期待して、移民する。こうしてヨーロッパの大学で勉強した医学部の多数の学生は、母国が臨床医を必要として悲鳴を上げているのに、卒業後も自国には帰らない。カリブ海諸島でよく言われる、奴隷制の終焉がもっぱらもたらしたのは国外移住の自由だと。

旧本国人の場合、先駆的思想の持ち主を除けば、移民は過去の植民地事業の生き証人であり、フランス国旗が広大な領土にはためき、フランスが数多くの多様な民族を支配していた時代を思い起こさせる。仮に自分がこうした冒険に熱中しなかったとしても、移民の存在は自分たちの集団的な葬儀の残滓、敗北した暴力行為の過程が生んだ別離の残滓である。もう離婚は宣告されたのだから、昔のパートナーが今さら何を望むというのか。国家、政府、軍隊と、要求していたものはすでに手にしたではないか。憎らしいと公言していた昔の本国にどうして住み着こうとするのだろう。本国人が過去を完全に帳消しにし、完全に穏やかな意識をもてるというならまだしものこと、目の前にする移民の存在は、ある人たちにとっては栄光に満ちた、他の人たちにとってはスキャンダルに満ちた歴史を忘れさせてくれない。マグレブ人はロシアやルーマニアの移民ではない。たまたまやってきた外国人ではない。彼は植民地事業の私生児であり、激しい非難、あるいは今も続く失望感の化身である。要するに本国人は、移民が眼に見えず、口を利かない存在なら受け入れもするだろう。だが、そうした人々がある密度を超えると、この亡霊が恐るべき実体となる。数に自信をもち、逆に母語で声を大にし、時には伝統的な服装をすることさえある。たしかに後ろめたい気持ちでいたり、歴史的に敗北したのだと感じていたりするのは、賢明なことではない。だが少なくとも、穏やかな気持ちで論じるのは難しい。だから、脱植民地化から生まれる諸問題に接しようとすると、人々の頭は混乱する。

新しい両者の関係

いわゆる無資格滞在者の事件は、植民地化時代の旧パートナー両者の間に新しい関係が生じたことを明らかにしている。旧本国人にとって、状況は完全に清算され、取引関係はもう終わったはずである。

これに対して、旧植民地人にとっては、解消すべき負債がまだ残っている。「やつらはしこたま略奪したんだ。少しは補償してもらわなければ」。補償とは、仕事であり、人目を忍ばずに仕事ができる証明書類である。教会を占拠しても、大司教は当惑するが、司祭が好意的なので、彼らは特に破廉恥で不法な行為を犯しているとは感じない。逆に、かつての貸しの一部を返させているのだと考える。彼らの母国でも、そういう感情がかなり広がっている。「やつらが俺たちのところに来たいと思ったとき、俺たちはやつらにビザなぞ要求しなかった」。南米の最強国ブラジルでさえ、ポルトガルの植民地であったことをまだ忘れず、今日でもなお特別待遇を受けて当然と考えている。フランス本土の世論の一部も、多少あいまいさはあるが、これと同じように考え、旧植民地人の要求を支持する。無資格滞在者を無条件に支持する者は、例えば、フランス共和国の行った戦争や戦後の復興に、彼らが貢献したことを思い出させる。「これはみんな彼らのおかげなのだ」。国はすべての移民に身分証明書を発行すべきである。そうすれば、彼らが耐えがたい非合法の世界から抜け出すことが可能となるはずだ。それに続いて、帰化を要求することなく、彼らに投票権を与えるべきだ。つまり、彼らを完全な外国人とはもはやみなさないようにすべきだ。そして、これほど身近にいる亡命者の運命、この地にたどり着くまでの苦難、冒した危険、仲間の幾人もの死にもかかわらず受け入れ国にたどり着こうとした頑張り、日常の苦しみ、絶えることのない悩み、受ける屈辱をきちんと見るなら、彼らの境遇の改善を拒むのは、およそ非人間的なことだろう。自然の情として、冷然と見過ごすわけにはいかない。

だが、別の人たちが考えるような、次のこともまた事実だ。つまり、そんなことをすれば、現行法に違反することになる。領土とか国境の概念を否定することになる。ひどく図々しい人間を勇気づけ、褒美を与えることになる。要求する者みなに証明書を発行することは、わが国土に居住を希望するすべての外国人を受け入れることになる。そんなことをすれば、国民というものはどうなるか。一国の文化や制度や経済や、人口に対する、別の文化の人々の統制の取れない流入の生み出す反響を誰が予想しうるだろうか。すでに脅かされているキリスト教文明の凋落にさらに弾みをつけるのではないか。こうした不安には多少なりとも根拠があるだろうが、さらに一般大衆の中にも恐怖心があり、この気持ちはますます右傾化していく投票行動に表れていく。

では、もっと真剣に門戸を閉ざすべきなのか。今いる移民たちの巧妙なやり口をもう大目に見てはいけないのだろうか。この種のやり口は特に小さな町村でよく見られるものであり、時には金銭の授受もからむ偽装結婚、同胞による偽装雇用、特別に便宜を図った受け入れなどである。だが、ここで問題は複雑になる。もう一方に、旧本国社会が移民の寄与を必要としている、という事情がある。それはただ単に労働市場の問題ではなく、これと結びついて、人口動態の面からも言える。これは重要な、二重の側面をもった出来事である。ヨーロッパはますます老人が多くなり、十か国のうち四か国で、出生より死亡が上回っている。合衆国はまだこの状況にはなく、これが部分的に彼らの元気の良さを説明している。これからは年金の支払いをどう確保すれば良いのか。年金は若者の拠出金から天引きされているが、そのシステムには議論の余地が残る。この問題を取り巻く欺瞞、状況を明確にしない政治家たちの選挙対策上の臆病さは論外として、計算ははっきりしている。ヨーロッパの女性は、これまで男性に限定されていた職業に当然のことながら目を向けだし、もはや人口の減少と生産の必要性を埋めるに十分なほどの出産をしない。移民の波を多少なりともはっきり最初に受けたのは企業であった。それは労働力の欠如を補うため、また安く手に入れるためであった。あるいはまた、地域のプロレタリアに圧力をかけるためでもあった。一九〇五年にフランスに到着した最初のアルジェリア人は、マルセイユの港湾労働者のストライキを妨害するためであった。ヨーロッパ企業は、移民の手を借りなければもはや機能しえないように見える。ところで、この不足を前にして、第三世界では無職の若者が一杯で、彼らはヨーロッパの城壁を叩き、この城砦を取り囲む。ところで、歴史の教えるところでは、どんな城砦も永遠に抵抗し続けることはない。さらに、予期せぬことだったが、この城砦は、包囲する者たちとの関係をある範囲内で保つ必要がある。彼らが必要なのだ。ここに、受け入れ国にとっての恐ろしい当惑の源がある。

こうして旧植民地人のジレンマと旧植民者側のジレンマがこだましあう。旧植民者は、植民地は失ってしまったが、厄介なしがらみからはせめて解放されただろうと期待していた。ところが今また、このしがらみを別の形で目の前にする。これまで経験したことのない問題を前にして、両者とも悪戦苦闘する。どう解決すべきかわからない。旧本国人にとっては、新参者をどのようにうまく統合するか、という問題がある。移民を吸収しなければならなかったのは初めてのことではない。ポーランドの炭鉱夫の場合がそうで、彼らなしには炭鉱の開発はもはやできなかった。あるいはイタリアの石工、それからポルトガル人、スペイン人と続いた。しかし彼らの場合は個人が、あるいはわずかな人数が問題だったのであり、文化も似ていたし、宗教も同じだった。その結果、同化し、姿が見えなくなっていった。今度は、まとまった多数の集団であり、宗教も風習も異なる。いかにして彼らを統合するのか。どれほどの代償を払うのか。アルジェリアの植民地時代、先見の明のある人たちは、植民地人の暴発を予防するためには、誠実に彼らを完全な権利をもったフランス市民にする以外はない、と気づいていた。それに対してドゴール将軍は、そうすれば国民議会に何十人もムスリムの代議士がいることになる、と皮肉っぽく指摘した。これは彼には耐えがたかったし、多くのフランス人にとってもそうだった。もしそうなったら、国民の相対的単一性、アイデンティティはどうなるのか。五十年後、歴史の皮肉であるが、国民的特性を危険に陥れるよりも植民地の放棄を選んだフランス人は、同じ問題にふたたび直面している。移民問題は、やはり植民地で犯した罪の罰なのだ。

他方、この不信と疑惑の壁を前にして、移民側に何ができるだろう。敵意に満ちた環境に置かれた生命体は、ひとしなみに同じ反応を示す。彼は身を固め、自分の内に、仲間の中に閉じこもっていく。これも自然な反応だ。自分たちのもつ差異の放棄を求められれば求められるほど、それに固執する。たしかに、祖国を後にしたことを悔いてはいないだろうし、さしあたりは、帰国を思い描くことはない。何とか言っても仕事はやっと見つかったし、稼ぎはずっと良い。楽しみも、ここの方が、法に触れずにたくさん見つかる。自由もずっと多くある。だが、煉獄から天国に来たつもりだったのが、実は別の煉獄に来てしまった。たしかにより安楽ではあるが、この地の法律には服さないといけない。これからは、こちらの新しい完全な市民権を得ることには問題があるようなので、単純にそれを要求することはせず、フランス人と距離を置くことになるだろう。透明な存在であるよう求められているのだが、逆により不透明な存在となり、ゲットーに入り込んでいくことになる。

ゲットー、避難所、袋小路

ゲットーは、むなしいとは言わないまでも、期待はずれの〈約束された土地〉の代替物であるばかりか、見捨てた祖国のミニチュア版の複製でもある。この二つの像の間に、移住者の新しい人生が引き裂かれて展開されることになる。ゲットーが具現化されている、あちこちの路地に、礼拝の場があり、そこで変わった風体のイマームがコーランの崇拝とムスリム全員の連帯を勧めている。カフェは愛想が良く、そこでしばらくお茶を飲み、ゲームに興じ、北アフリカ、エジプト、サウジアラビアからのテレビ放映を目にし、世間の出来事について意見を交わし、共通の不安や希望が交換され、時に有毒な感情が高まって、不穏なうわさが生まれる。肉屋はアラビア文字の看板を掲げ、ヘラルと呼ばれる祭礼用の肉を提供する。食料品店はスーク（イスラム都市の市場）の無秩序さながら、昔懐かしい料理、スパイス、穀物、野菜や輸入果物を並べ、その匂いが通りまで流れ出る。バザールでは祈禱用敷物、ズック靴、プラスチックの台所用品がごたごたと並べられている。それに、何といっても、ここでは、よそ者の眼差しにさらされることがなく、自分が余計者だと感じずに済む。なじみの顔に囲まれ、見知らぬ顔であっても、ほとんど故郷にいる感じがする。偽の多数派の只中にいるのだ。彼の住居もまたゲットーに似ている。クッションカバーの布地の色彩は鮮やかで、絨毯は母国から持ち込まれたのもあれば、ちゃちな中国産の複製もある。寄木細工の小形丸テーブルらしきものの上に置かれた茶器は東側諸国から輸入されたもので、彫りのある銅製品だ。メッカの黒い石、カアバ〔メッカにある石造りの聖殿〕や大勢の巡礼の群れの写真、入り口にはコーランの一節が掲げてあり、そしてここもまた場所が狭いので、小さな台所から漂う匂いが家全体を満たしている。窓辺や屋根にパラボラアンテナがあり、これが郵便受けよりももっと確実に彼の帰属のあり方を示し、世界中いたるところにいる〈兄弟〉と結ばれる。こうして、もうほとんど話だけになっている祖国への帰国を待ちながら、それを語りあって悦に入り、話を作り替えては、祖国を夢見、辛抱するのだ。

この物質的・文化的濃縮は、特にフランスでは、多数派によってコミュノタリスム〔共同体主義〕という名で呼ばれ、恐れられ、告発される。多数派は、憤慨しないまでも、不信の念を抱き、これは移民が国家という統一的集団に統合されるのを拒絶する証拠だとほのめかす。これは間違いとは言えないが、半分しか正しくない。多くの場合そうだが、真実は円環的なものである。ゲットーは自分の側からの拒否であると同時に、他者によってなされる想像上の、あるいは現実の拒否に対する反応でもある。ゲットーは、少し前までのユダヤ人ゲットーがそうであったように、分離を維持し、育てるが、また分離の表現でもある。間違っているにせよ正しいにせよ、自分自身の存在が脅かされていると思った少数グループが分泌する殻なのだ。脅迫を逃れるための後退であり、仲間とともにする閉じこもりであり、その中にいれば安全だと思うのだ。

国家全体の中に小共同体が作られることは、国の破壊を目的とするよこしまな意思の表れではない。それに、そうした哲学が最初にあるわけでもない。そうではなく、周囲を取り巻く多数派に完全には一体化しえなかった少数派の自然な、有用な集合体なのである。だがそうしながら、彼らは同時にこの一体化を熱望もしている。さらにこのように集まれば、国家共同体が取り上げにくい、あるいは取り上げることを拒む、自分たち固有の諸問題をよりよく考察し、時には解決することができる。例えば、いろいろな宗教的要請、あるいは政治的忠誠の問題がそうであり、この点にかんして国家共同体側と新市民との間ではかならずしも一致をみない。そして、彼らが祖国を離れて住む身だけに、一層こうした側面は強調されるし、またそれなしには、自分たちのアイデンティティに疑問を抱くことになる。かつてはラマダンをいい加減にしか実践していなかった者が、今や断食を完璧に守る義務があると感じてしまう。少なくとも連帯精神から言ってそうなのだ。原理主義者がゲットーの味方なのはもっともなことである。ここでこそ、集団の特性が生き延びるチャンスが一番あり、そしてここでこそ、原理主義者たちは自分たちの意図に好都合な騒乱をいつも維持できるのだ。

いずれにせよ、ゲットーは存在し続け、移民はゲットーが自分たちの苦難の解決にはならないことを日々発見する。ゲットーは避難所だ、牢獄ではないが、閉ざされた場所だ。移民は毎日ゲットーからでかける。仕事のため、気晴らしのため、あるいは役所の手続きのために。好むと好まざるとにかかわらず、移民は外の世界と向き合わざるをえない。そしてこの外の世界はますます彼の内に居座る。だから、かつての自分の姿と現実の自分の姿を比較せざるをえなくなる。ゲットーは二つの世界の共生が提起する諸問題を何一つ解決しない。そして、時折、解決不能な矛盾対立をめぐって、危機が爆発する。例えばムスリムの生活において、宗教の要請するところと共和国の政教分離をどう両立させるか。女性の地位についてどう考えるのか。移民は、平等を要求すると同時に同化に必要な条件を拒むことはできない。

だが、移民側が望もうと望むまいと、多数派の疑惑が何であろうと、周囲を取り巻く多数派への統合は進んでいく。自分も親族も子どもたちもそうだ。そしてこのことを移民側も望んでいるのだ。アラブの大衆に混じって反米デモをする若者たちも、アメリカ風の帽子にジーンズ姿である。文学作品もまた多くの示唆に富んでいる。同化の困難と矛盾を物語ろうとする作品は多い。祖国へのノスタルジー、自分の本来のアイデンティティの強調が一方にあり、他方に、しばしば罪悪感を抱きながらも、受け入れ国によるより完全な同化を認めてほしいという要求がある。

人がアイデンティティを強調するのは、それがもっぱら脅かされたときのことである。アラブ社会が諸国家の共同体に入り込もうとするとき、支払わねばならない代償に気がつく。アラブ社会は一方では西欧社会に魅せられており、その優越性ではないにせよ、その勝利を暗黙のうちに認めている。だが他方で、自分たちの伝統や集団的人格を大部分放棄せざるをえないことに反発する。だから、絶えず危機の中で生きるしかないのだ。

スカーフか混血か

病気と同じように、危機もまたそれなりに成果をもたらす。ある生命体の特徴を拡大して見せてくれるので、その生命体の本性がより明らかにされるのだ。スカーフ着用の事件はこの点で教訓に満ちている。すでに知られているように、スカーフはカトリックが胸にさげる十字架、プロテスタントの鳩、ユダヤ教信者のキッパ（お椀型帽子）と同じように、倫理・宗教的伝統への慣習的な服従を意味するもので、いわば着衣上の単なる順応主義だった。私の祖母はムスリムではなかったが、外出の際はかならずハイクという白地の幅広の布で、頭だけでなく体全体をすっぽり包んでいた。「お祖母さんは幽霊に化けた」と私たちはからかったものだ。ところが、ムスリム・アラブ世界を揺さぶった諸事件、特に対イラク戦争がスカーフのもつ他の側面を明らかにした。今までかぶっていなかったのに、新たにかぶりだした女性たちが出現したのだ。彼女らの平凡な、ずるい論法は、問題にしないでおこう。例えば、自由の名の下にこう言うのだ。「フランスではみな自由よね。じゃあ、私がスカーフをかぶるのも自由じゃないの」。自由でないことを選ぶ自由、これもなお自由と言えるだろうか。この愚かな少女たちは、自分たちの利益に反する形で行動していることがわかっていない。彼女たちを隷属化するドグマのために、彼女たちを解放してくれる法律を拒否しているのだ。彼女たちは、政教分離を間違って解釈して、政教分離でないことを要求している。そもそも問題はこうしたスカーフ着脱の自由にあるのではなく、その意味するところにある。「スカーフは男たちの視線から女を守る」。それなら、どうして同様に女たちの視線から男を守らないのか。結局、女性の女性らしさのための特別な処置ではないのか。男の欲望から女性を守るためには、頭を丸めるユダヤ教徒の女性信者のように、女性がセクシーであってはいけないのか。それに特に大事なことだが、このように保護を願う女性を大切にすることは、それを望まない女性の顔に硫酸をふりかける権利を与えるものではない。同じように、宗教上の論拠もまた、大して価値があるわけでもない。「神様がお望みなのだ」。言ってみれば、神様こそ良い面の皮ではないだろうか。神様がセックスの問題で何をしに来るというのだろう。それに、どうして男性の肩をもつのだろう。そもそも、コーランはこの点についてごく短い言及をしているだけ、それも暗示しているにすぎない。ある女性にとってスカーフの着用が自由だとしても、他の女性にとって強制になってはならない。だが、原理主義者はこの強制を支持するのだ。スカーフ着用は、クリトリス切除のように、女性の肉体の支配である。スカーフの新しい着用者は、ムスリム社会をむしばんでいる逆行運動と軌を一にしている。彼女たちは、世界中で止めようもなく進行している女性解放に背を向けているのだ。男たちは自分たちの性的特権に触れられると言いようのない不安に襲われるが、彼女たちはその反応にあいかわらず従順なのだ。アルジェリアで、それに続いて西欧諸国の首都で、スカーフ着用を支持する大勢の女性たちのデモがあった。アラブ諸国の一部ではスカーフへの回帰が見られる。例えば、チュニジアがそうで、この国ではスカーフはほとんど完全に姿を消していたはずだった。まるで中世の女性が貞操帯の着用を求めているかのようである。だが実は、さまざまなもっともらしい理由の向こうに、挑戦的とは言わないが、権利要求的な側面が見えてくる。スカーフはある大義の旗印となっている。「あなたたちはムスリムが好きでないのでしょう。彼らを眼にすると苛立つのですか。それなら、はっきり言いますが、私はムスリムです。はっきりあなたたちの眼に見えるようにしてあげましょう。これが、あなたたちが忌み嫌う集団の一員の姿なのです」。実際、相手が腕を差し伸べてくれない以上、こちらも腕をすくめて、身を縮める以外にどうすれば良いのか。スカーフは、持ち運び可能なゲットーであり、ムスリム移民をむしばんでいるアイデンティティの動揺を表に現すものであり、多数派と距離を取り、すでに揺らいでいる自分たちのアイデンティティを確立し直す一つのあり方なのだ。

このために、立法府も一般の人々も、たとえ自由な考え方の持ち主でも、困惑してしまう。スカーフは、派手で突飛な格好ができない若い娘たちの、気まぐれな熱中の対象なのか。あるいは、今後エスカレートしていく、戦闘的な姿勢の第一歩なのか。スカーフ着用の次は、さらに何を要求してくるのだろう。もうすでに共和国の法の基本である両性の平等、医業の自由、教育の中立性を問題にし直そうとしているではないか。スカーフは、より一般的な行動形態の一つの姿、つまり、別の伝統に攻守両方で助けを求めるという側面として見えてくる。そう考えると、スカーフは、宗教的慣習に従って処理された肉の消費や、ラマダン断食の遵守の再確認と同じように、キリスト教世界や、さらにひどい無宗教化した世界の中に埋もれそうなムスリム共同体の生き残る仕組みの一つではないだろうか。こうして議論は一層熱くなり、隠れていた相互の不安が形を現す。

しかし、移民の大部分は、内面の動揺があるにしても、同化に強く心惹かれる。これはまったく正反対の解決法である。だが、これまた容易なことではない。この解決法は、いずれは混血、つまり、多数派の中に溶解する危険に行き着く。ここでもまた、アラブ知識人の困惑が生じる。アラブ諸国民の未来にとって、西洋・ヨーロッパの風俗をどの程度取り入れるべきかという議論は、実り豊かなものになるはずだが、アラブ知識人はやはりまだここに登場していない。もし彼らに意見を問われれば、スカーフ賛成が多数だったかもしれない。混血は、流動化するわれわれの社会の未来のありうる姿かもしれないが、まだ人を怖がらせ続けている。だがこの点にかんしても、問題が明確に提示されることはプラスだろうし、これに貢献することは知識人の役割ではないだろうか。

この問題について、異教徒間の結婚は示唆に富む。ユダヤ系フランス人の若者の五〇パーセントは異教徒と結婚していると推定される。だが、この結婚はユダヤ人共同体を純粋に保とうとするラビ（ユダヤ教の祭司）たちによって非難される。アラブ系フランス人の若者にかんしては数字が知られていないが、多分そう大きな違いはないだろう。この際、非ムスリムである配偶者の改宗を指導者たちは求める。同じことだが、カトリック教会は生まれる子どもが洗礼を受けるという条件の下で異教徒との結婚を黙認する。現在のところ、異教徒間の結婚はほとんど裏切りのように思われているのだ。いかなる集団も一種の自殺と思えるものに同意は与えない。

要するに、少数派にとって完全な解決はない。同化は決して甘いものではない、少なくともそのスタートにおいてはそうだ。異教徒と結婚した配偶者は、出身集団と受け入れ集団の間に生じかねない、さまざまな相克に立ち向かわねばならない。ユダヤ教徒に土曜日の労働がどうして簡単に受け入れられるか。ムスリムが食堂で豚肉を食べられるだろうか。彼らは集団としての存在を弱め、場合によっては消えていくか、あるいは、自己の内部に閉じこもらないにせよ、態度を硬化させる。すると、これが彼らを新しい同胞から一層分け隔てることになる。いろいろ不測の事態が起こりうる国際結婚の体験に、誰もが適応能力をもっているわけではない。他の場合と比較して、この関係には困難、破局がより多く生じる。

屈辱の痛み

植民地化が終わり、独立諸国家が出現して、国際機関に登場し、オイルマネーがたまり、国際金融システムに参加し、一部の人々が豊かになり、自己の文化的・宗教的立場を次第に明確に主張するようになる。これでムスリム・アラブ世界は新時代に入るとの期待が生まれた。だが、西欧でアラブ人、黒人として生きることは、やはり容易なことではない。逆に、政治・経済の分野で以前より近く接し、仕事の場で女性に混じって働くので、旧主人と解放された側の間に存在し続ける溝が痛いまでに目立つことになった。不平等感が耐えがたいものとなり、苦い思いがさらに深まる。西欧の内部でも次第に数を増す移民の存在は、イスラムの新しい拡大を示しているが、同時に、その敗北の連続、同胞の子どもたちの欲求を満たしてやれない無能ぶりも明らかにしている。ここにイスラム過激派を醸成する土壌があり、また弁護の理由もある。つまり、西欧は邪悪でエゴイスト、自分たちの特権にしか関心を示さないから、この西欧との完全な平等を最終的に勝ち取るためには、断固たる闘争、戦争がなお必要となる、と。

しかしながら、本当に戦争ができるものか、確かではない。戦争が可能となるためには、敵味方が相対的に対等でなければならない。ところが現在までのところ、旧植民地人は西欧と、スポーツ用語で言う同じクラスに入ることに成功していない。重量の違いがまだ超えられないままなのだ。西欧は、相対的に凋落してきたとはいえ、科学、技術、軍事、さらに哲学においてさえ著しい優位を保っている。その宇宙観は、科学の飛躍によって強力な影響を受け、普遍性を志向するそのモラルとともに、地球上の住民間の関係を曲がりなりにも規定している。例えば、人権の理論は、たしかに空念仏のようなものになっているにしても、世界中の大部分の知識階級によって、嫌々ながらにせよ、あるいは偽善的にもせよ、認められている。これに対して、第三世界が持ち出せるのは、何世紀も前から時代遅れとなってしまった思想家でしかない。だが今や思想界を支配しているのは、フロイト、マルクス、アインシュタインである。たしかに、ますます数多くのすぐれた個人が研究所や大学で頭角を現している。だが、そこで使用されているのは西欧の科学技術である。今日までのところ、西欧を敵とした戦争はどれも敗北に終わっている。歴史の皮肉と言えるが、コソボはムスリム世界であるが、アメリカの助力なしには生き残りえなかった。それは、フランス、イギリス、イスラエルに対するナセルの勝利が、もっぱらアメリカやロシアの意向による偽りの勝利であったのと同じである。

こうして、第三世界と西欧の武力衝突は、自らを犠牲にする小グループや個人に委ねられた限定的な行動だけにとどまる。それはまさしく直接的な対決を避けるためのものである。だが、自爆テロや車に爆弾を仕掛けるテロは、個人の苦しみと嘆かわしい破壊を招くだけで、決定的な結果を獲得することはできない。一部の人たちの復讐心をいくらか満足させるとしても、逆に、すべての人たちの心の中に、苦しみに満ちた集団的な無力感を増大させることになる。

はたしてすべての旧植民地人が、絶えざる共通の敗北から生まれるこの屈辱感を共有しているのか、また、原理主義活動家の主張するように、この敗北からついに脱出させてくれるような、異常な事件への期待を共有しているのか、みな考えても、容易に答えは出ない。あるムスリム知識人は、すべてのムスリムの中には原理主義者が眠っていると、公言するところまでいった。眠っているだけなら、それほど深刻ではないだろうが。たしかに、どんな一般化も誤りであり不当ではあるが、ある集団のメンバーのほとんど全員に課せられている客観的条件というものがある。仮に彼らがそうした客観的条件を否定し、あるいははっきり意識していないとしても、彼らは実際の思考と行動においてそれを考慮に入れている。例えば、どんな女性にものしかかってくる女性の条件というものがある。財産や生まれによってそれを避けることが可能だとしても。また、受け入れるにせよ拒否するにせよ、ユダヤ人の条件というものもある。植民地人としての条件がなくなったあと、脱植民地人は新しい状況に向き合い、これに答えねばならない。たとえ彼が個人的に苦しんでいなくても、自分の気質、社会的な帰属のあり方に従って、策略を用いるか、諦めるか、反抗するか、ともかく答えなければならない。街を歩けば、いやでも同胞の劣等性のしるしを目にしないわけにはいかない。街路清掃人、人夫、下水掃除作業員はほとんどみな移民だ。まるで昔の奴隷制度が様相を変えただけのようだ。レオポルド・セダール・サンゴール（一九〇六—二〇〇一。セネガルの詩人・政治家。セネガル共和国初代大統領）はかつて「バナニア（粉末バナナ、カカオ、砂糖、シリアルを原料とする飲み物。南米伝来の加工法を基に、一九一二年、フランスで商品化された）の笑い顔をフランス全土の壁からはがしてやる」と誓った。黒人バナニアはもう壁には見られないが、彼らは街の中にいるのだ。しかも、あのはじけるような笑いはもう見せない。住居を見つける困難さ、仕事や性生活上でぶつかる差別が彼らの顔つきを厳しくさせたのだ。たとえ自分がこうした困難をすべて乗り越えたとしても、貧困と多数派からの排除がみんなの屈辱感を育てている。多数派のどれだけが移民と付き合い、招き、彼らの家に喜んで行くだろうか。もぐりの焼き栗売りにせよスーパーの店長にせよ、移民は自分の新しい祖国の正統な市民だという確信をつねにもてるわけではない。

誰が間違っているのだろう。答えは単純ではない。単に多数派が拒否をするという事実の問題ではない。移民の生活も彼らと先住民との関係もまた、客観的メカニズムに支配されている。移民は新参者であり、遅れてきた者が良い地位に就くことは、めったにない。とりわけ、多数派と移民の間には誤解が存在する。移民は、自分の新しい仲間である市民と同じ身分を享受できないことに苛立つ。どうして自分たちは立派な地位に就けないのか、と。ところが多数派の方は、移民を受け入れたこと自体によって、すでに多くを与えたと思っている。祖先からこの国に帰属しているので手にしている特典を、すべて一度に、移民に与えることはできない。そのためには、移民の側から身の証をしてもらわねばならない。とりあえず、感謝の念を示すこと、少なくとも共同体の慣例と風習に従うことを、多数派は移民に要求する。移民の側が国家という共同体に溶けこむべきなのだ。そして、外国に住むには、これが知恵なのだろう。だが、多数派側のためらいが移民側をためらわせる。祖国を去らざるをえなかったのは一つの敗北だったが、これにまた新しい敗北を重ねることが求められる。もっと辛い価で入場券を買うこと、つまり、心を入れ替えるか、あるいは心を偽ることが求められるのだ。そう思うと、深淵を目の前にしたようにめまいを覚え、呑み込まれそうな気がする。「ターバンを巻いてなかったら、裸でいるみたいなのです」と、あるパキスタン人が不安な思いを口にした。

反対に、多数派は自分たちの客が示すためらいとかたくなな態度をどう考えているか。とにもかくにも、こちらは寛大に門戸を開いたつもりでいるのだ。自分たちの法律や風習を押し付けるのも、それは正当なこと、自然なことである。なぜなら、それらは自分たちの吸う空気の一部なのだから。熱心に教会に通わなくても、彼らの生活は自分たちの宗教的伝統によって規定されており、祝祭日は完全に宗教に由来している。子どもたちの学校のお休みは聖職者の暦に一致する。また、国家的記念祭は、仮にそれについて冗談を言うにせよ、自分たちの文化と深く一体化している。街のいたるところには、集団の記憶に捧げられた記念建造物がある。多数派は、知らぬ間に近視眼的になっていて、自分たちの中に混じって暮らしている少数派に眼が届かない。身近にしつこく感じられる移民の存在は、彼らの目には異様なもの、何世紀も前から落ち着いている生活の安定を脅かすもののように見える。およそ人種差別とか外国人嫌いとは縁遠い同僚が、「黒人の警官はぴったりこないいな」と私に打ち明けたことがあった。

日頃見慣れている警官の姿と違って感じられたのだ。多数派の多くは、移民の医者を前にするとあまり居心地がよくない。それにまた移民の方も自国出身の医者にかかることを好む。こうして、その実態がよくわからないままに、誰もが必要だと口にしている統合は、両当事者から望まれると同時に忌避されるのだ。

屈辱から怨恨へ

はっきり認めた方が良いだろう、深い怨恨が旧第三世界、特にアラブ世界に渦巻いている、と。怨恨は前からずっと存在してきたが、今やそれが公然と表明できるようになった。これは敗者の怨恨であり、敗北の先にある出口が、敗者には今もやはり見えないのだ。第三世界はどうしても西欧を必要としているが、西欧は第三世界をそれほど必要としていないから、この怨恨はますます激しくなる。アフリカや中央アメリカで収穫されるコーヒーはなくても済ませられるが、ヨーロッパの製薬工場で念入りに製造された医薬品はそうはいかない。第三世界は西欧文化から多くを吸収している。だが西欧の方は、音楽のリズムとか衣装の特徴などいくらかの借用を除いて、第三世界の文化から吸収するものは非常に少ない。脱植民地人にとって、自分の独自性に則して生きる権利を回復したというのに、他者の独自性からこれほど多くを借用しなければならないとは、実に耐えがたい悲劇である。だが、支配者と被支配者との間はいつもこうなのだ。支配者の文化は、政治的・経済的影響力を伴っている。たしかに、石油や種々の原材料はあるが、金で手に入れられるものだ。第三世界が石油を売る必要の方が、西欧が石油を買う必要よりも大きい。彼らの収入の大元はそこにあり、しかもそれを西欧に再投資している。

打ち負かされ、敗北の屈辱を味わったとき、人はどうするか。現実とは違う世界を夢想することもできる。権力も富もあり、学問も文化も栄え、神話化した祖先や、超人的な英雄や、広大な帝国を支配した君主をもつ、懐かしい過去。あるいは、ふたたび繁栄し、無敵を誇る途方もない未来。だが、このように夢想された世界と現実との断絶は、正しくバランスを取り、自制心を保つには具合が悪い。日々接し、日常化している現実は、植民地化の後遺症からの延々と続く回復期の現実である。絶対多数の貧困、一部の者の破廉恥なまでの豪奢、持てる者の腐敗と多くの者が受け取るささやかな賄賂、時折突発する、無秩序で、効果もなく、簡単に抑圧される暴動、エリート層の責任放棄や共謀行為、宗教的蒙昧を利するための文化抑圧、政治家たちの欲得ずくの、ばかげた権謀術数。他国民の現実と比べて、ほとんどいつも自分たちの方がひどいと、羨ましがる。たしかに、もっと恵まれない自然条件なのに、発展に成功している国もあるのだ。

脱植民地人が自分の怠慢をもっと冷静に考え、自分の責任の度合いをきちんと判断することも、やればできるはずだ。幾人かの作家は勇敢にもそれをやっている。もっとも、こうした自己批判は賞賛に値するが、それで罪の意識は消えないし、鞭打ちの傷痕は残る。それに、こうした暴露は同胞に場違いとみなされ、憤激の的になった。英米の二回目の対イラク戦争の際、人類遺産を理解するには貴重な品々を所蔵するバグダッド国立博物館が略奪され、破壊された。イラクの人々は非難の叫びを上げ、その声は広くヨーロッパの報道に引き継がれた。アメリカがこの惨禍を予定に入れていたのではないかということだった。インタビューを受けたバグダッド住民は、目に涙をうかべて「やつらは俺たちから記憶を奪おうとした」と主張した。だが、アメリカ人がイラク人の集団的記憶を略奪して、何の得になるところがあっただろうか。それに、カルデア（前七世紀末―五三九年。カルデア人がバビロニアを中心に建てた王国）やシュメール（前四千年紀にメソポタミア南部に侵入した民族。楔形文字で有名）は、どういう点でアラブ人の記憶の一部なのだろう。当時アラブ人はアラビア半島のいくつかの部族にすぎなかったではないか。しばらくして、盗賊はイラクの密売人だとわかった。古代エジプトの墓荒らしという儲け仕事で暮らしていた盗人や、アンコール寺院の宝物の密売人――その中にはアンドレ・マルローも入っている――になったのだ。騒ぎは鎮まった。だが占領軍が犯したというこの冒瀆的行為を、おぞましげに大急ぎで書きたてたその同じジャーナリストたちは、方針を変えた。たしかに、アメリカ人は有名な甕や浅浮彫りを持ち去りはしなかった。だが、彼らはそれを防がなかった。だからいずれにせよ、彼らが真の罪人なのだ。さらにしばらくして、なくなったと思われていた主要な美術品が、一女性職員の機転により救われ、博物館の地下倉庫に隠されていたことがわかった。犯罪はそもそも行われていなかったのだ。だが、この事件は一つの教訓を残した。大事なのは、イラク人が無罪とされ、罪人は他人だということである。そのうちにこの結末も忘れられ、アメリカ人の犯罪的怠慢だけが記憶に残るかもしれない。

　こうした責任転換によって、犠牲者を外に作り出して、自分の共同体の集団的有罪を許したり、軽くしたりすることができる。また、共同体の外にいる罪人を非難することができるし、同時に、怨恨の念を育てることにもなる。危機が生じ、暴力の応酬が見られるごとに、事件の当事者たちがどんな役割を演じているのか、指導者たちにどんな戦略が取れるのかは問わずに、同じ一つの叫び声がアラブ世界を走り抜ける。「やつらが攻撃を仕掛けてくる。俺たちを破滅させようとしているのだ」。まるで、何であれ自分とは無関係に、反アラブの世界的な陰謀が企てられているかのようだ。対イラク戦争は、問題のあるものであろうが、アラブの解説者たちは、サダム・フセインとその体制の犯罪については言及しない。この戦争がアラブ世界全体をまとめて相手にした企てだとみなされる。平和な時代にも、アラブ活動家たちは、自分たちが他の世界から略奪されているかのように考え、世論もこれに何となく従っている。「彼らは世界の饗宴からわれわれを締め出した」と、彼らの仲間のある詩人は洒落た言い方をしている。それなら、彼らに問うことも許されるだろう、なぜ彼らは自前で饗宴を催さないのか、と。だが、そんなことをすれば、彼らは自分の個人的怠慢を認めなければならなくなる。そうなると、自分自身を批判し、自分の方も何らかの点で有罪と認めることになる。それなら、他人に罪をかぶせる方が便利だ。その際、他人の個々の顔を区別するのは面倒だから、他人を全部ひとまとめにする。

その結果、世界中の非ムスリムがひっくるめて怨恨の対象となる。少なくとも西欧全体がそうなる。アメリカへの憎悪が植民者への憎悪に取って代わったのも、合衆国が最強者を代表しているだけでなく、この国が西欧の精髄そのものだからだ。だからこの国は最初に攻撃されることになるが、しかし、西欧の誰一人としてアラブ民衆の不幸に対して無実の者はいない。与えた損害に応じてみな処罰を受けるに値する。責任は子孫にも及ぶ。遅かれ早かれ、みなが保証しなければならない負債なのだ。怨恨と同様に、復讐もすべてを巻き込む。そして、罪人は名指しされるだけでは十分でなく、罰せられなければならない、つまり、象徴的に抹殺されなければならない。こうして初めて、犠牲者の原状が回復される。これは大部分の裁判において確認されることだ。もう一つおまけの利点として、怨恨や復讐は、犠牲者たちがさらに強固な一体感をもつ機会となる。彼らは悲嘆と、それからかりそめの勝利に浸るのだ。だが、運命の皮肉と言うべきか、怨恨はこれまた従属関係の表現である。そして、過激派がなにがしか寛大な扱いを受けるにつれて、決して小さくはない矛盾が旧植民地人の生活を害するようになる。つまり、過激派は一つの社会の破壊を願い、その企てが可能だと信じているが、旧植民地人はその社会の中に、何はともあれ、自分たちの場を見出そうと期待しているのだ。

敗者の連帯

要するに、ムスリム・アラブ世界と西欧の衝突はこれまでもあったが、現在の衝突には二つの側面がある。暴力と連帯である。西欧に対する暴力とアラブ諸国間での無条件の連帯である。無条件の連帯はこれまた敗者、被支配者の示す反応である。勝者の側は連帯をほとんど必要としない。彼らは自分だけでやっていける。だからまた、ユダヤ人の連帯もあり、これは彼らを取り巻く多数派市民同士の関係の中で際だっている。ユダヤ人は絶えず脅迫されていると思っているのだ。また黒人間の連帯もある。これは他人の注意をどうしても惹いてしまう彼らの肌の色のもつハンディキャップが原因である。また女性たちの本能的連帯もある。男性たちの誘いを前にしての女性の脆弱さが原因となる。植民地人たちの連帯は、脱植民地人という立場になっても、完全に消え去ったわけではない。

まず、心の自然な反応としての連帯がある。このために、私たちは危険に陥っているらしい同胞の許に駆けつける。パレスチナ人の運命を考え、さるインテリ女性がこう打ち明ける。「眠れない日があるのです……涙が出てしまうのです」。だが、選択的連帯もある。私は彼女に、あなたの眠りはアラブ諸国間の戦争、イラク人によるクルド人ガス虐殺によって乱されましたかとは、遠慮して尋ねなかった。彼女はイラン・イラク戦争の間は、涙を流しはしなかった。この戦争ではアラブの国であるイラクが明らかに攻撃者であった。また、やっと自分の仕業だと認めたカダフィ大佐の手先による定期飛行便の爆破の時もそうだった。パレスチナ人に押し付けられた不正な状況はまさしく彼女の問題であるのに対して、クルド人の状況は、彼らが他のアラブ人の犠牲者だから、そうではない。クルド人の場合には、群衆の怒りの爆発もなかったし、何らかの抗議デモさえなかった。ギリシャとトルコの紛争の際、職業柄冷静さを失うことのない、政治的にもリベラルな精神科医の友人が、あのときは「精神的にまいった」、「自分でもどうなったのかわからなかった」と話してくれた。頭では、詳細がわかるまで、敵対する両者の間で公平な立場を取るよう勧めるが、心情はトルコに傾いた。トルコはアラブ人の国ではないが、それでもムスリムの国なのだ。

連帯は自然に寛大な甘さを生み出す。カミカゼテロに恐れおののき、「彼らは狂信家だ」と断罪さえしながらも、同時にこうもつぶやく。「ビン・ラディンは象徴的な人物だ、英雄みたいなものだ……まあ図太いやつではあるけど」など。ともかく、こうしたヒーローに非難されるべき点があるとしても、みんな彼らに対し、感嘆ではないにしても、本能的な共感を覚える。サダム・フセインが憎むべき暴君だったと認める人も、彼に対して取られた措置、制裁とそれに続く戦争にかんしては、やはり反対だった。反対する理由は、アメリカが国際的合法性を破ったからだ。これは第二次戦争については正しいが、第一次戦争〔湾岸戦争〕については当てはまらない。第一次戦争は国連と大多数の国々の支持を得ていたのだから。つまり、こうした人にとって、まだ十分に機能していない国際法を守ることが、大事なのではない。他の問題なら彼もあまり国際法をうるさく言わなかっただろう。大事なのは、兄弟国への侵攻を止めさせることだ。いずれにせよ、西欧に対して共同して反抗の旗を高く掲げるのが、ありがたいことなのだ。

こうして、連帯は絶対的な義務となり、法を超越する。それに、法というものは西欧が自分たちの利害のために作り出したものと認識されていて、これはまたかならずしも間違っているわけでない。過激派は、行動に消極的な者にこの点をかならず思い出させ、場合によっては激しく打ちすえる。アラブ穏健諸国政府は異教徒とほとんど同じように罰せられる。客観的な責任というものがあり、ムスリムに対して課せられている不正な状況を前にして、ムスリム全員が負う責任があるのだ。この責任を逃れる者は誰であれ裏切り者とみなされるべきである。なぜなら、逃亡は敵を利するからである。ところで、ちょっとした声明であろうと、暗示であろうと、疑問視であろうと、そうした行為は共同の戦いを弱体化させる。逆に、この不可避の結びつきをしっかりと守る者は聖者とみなされる。もし自分の命を捧げるなら、殉死者となる。つまり、それは共同体のための完璧な犠牲であり、最高度の徳の表現となる。虚勢なのか挑発なのか、母親たちは子どもたちの犠牲を高らかに自慢する。カミカゼたちの名前にはつねにシャヒドという語が続く。これは、まさしく、殉死者の意味である。パレスチナ総代表の姓名はレイラ・シャヒド（一九四九年生まれ。一九九三年から在仏パレスチナ総代表）として通用しているが、本当の姓はシャヘドである。単なる名前の偶然の一致か、あるいはカミカゼたちへの理解と連帯のしるしなのだろうか。

たしかに、連帯それ自体は否定的なものではない。社会的絆を強めて個人を支え、幸せな一体感をもたらす。連帯は、よそ者が自分たちのグループに示す、実際の、あるいは想像上の敵意に対する予防措置である。連帯は最も恵まれない人たちに助けの手を差し伸べ、種々の不正を正してくれる。だが、連帯が絶対的なものとなると、それ自身が不正となる。感情の爆発は、出来事の合理的な検討には不向きで、集団的幻想を育て、真実にベールをかけ、党派的行動に走らせる。誰が正しく誰が間違っているかではなく、帽子に同じリボンをつけているかどうかを知ることが問題となる。ムスリムが蒙った不正に対する正当な戦いが、非ムスリムへの不正へと行き着いてしまう。中世のキリスト教世界でも、事は同じであった。裁判において、ムスリムの証言は無信仰な人の証言より重んじられるべきだとされる。こうした不公正はいまだ完全に消え去っていない。例えば、イスラム諸国に住む少数派に対して公正ではない。そうした態度を続けて、ムスリム・アラブ世界は一枚岩だと信じこませようとするが、これはもう真実ではない。泥棒の手を切り落とすとか、姦通した女性に石を投げて死刑にすることを、ムスリムがみな是認しているというのは、正しくない。だが、こうした刑は明るみに出ることなく、連帯の名の下に隠されている。したがって、これをめぐる議論は、アラブ世界の内部だけで、伝統に執着する者と近代化と向き合おうとする者の間に限られてしまう。外交面で言うと、国際会議において、無条件の連帯が自動的に生み出す多数派は、会議の信用を失墜させた。ドゴール将軍は国連について語るとき、これを「あの代物」と呼んでいた。またある外交官は、四角い丸の存在を弁護しても、国連では表決に勝てると請け合っていた。二〇〇三年、終身独裁者の一人カダフィ大佐は、人権委員会のトップの座に腹心の一人を選出させることに成功した。アラブの票は一票たりとも欠けることがなかった。この無条件の連帯は、結局、真の国際法の出現を妨げている。国際法とは、国家間のエゴイズムの妥協だけではないはずである。もちろん、アラブ諸国だけに責任があるわけではない。だが彼らは普遍的道徳の樹立を目指そうとする側には属していない。もっとも、こうした態度は、しばしば彼ら自身に不利にも働く。連帯のもたらす利益がどんなに大きくても、人間全体に共通の正義に協力することが、彼らの利益になるのではないだろうか。

アイデンティティの混合

無条件の連帯はついにはかたくなな弁明に行き着く。アラブ諸国のほぼすべての宮廷に、ごく最近まで宦官がいたことは、驚くべきことだろうか。すぐ反論が出る。

「ご注意しますがね、去勢手術はイスラムでは禁止されていますよ」

「いいでしょう、でも少なくともハーレムを警護するために宦官の利用は続けられましたね」

「ええ、でもアラブ人は〈カストラート施設〉(これはたしかに存在する)で買っただけですよ。この施設は多くの場合、東方のキリスト教徒の所有だったのです。それに、十七世紀になっても、ローマカトリック教会だって典礼聖歌のためにカストラートを買っていました」。

何と、アラブ人は買っていただけだから、その罪は許されるべきなのだ。だが、ある人の罪は他の人の罪の言い訳になるだろうか。ムスリムにもキリスト教徒にも高利貸しは禁じられていたが、だからといって、善良な信者が高利貸しに頼るのを止められたわけではない。そして、非難はユダヤ人金貸しに投げかけられた。

黒人奴隷制の悲劇はどうだろうか。この悲劇は、アラブ商人によって組織化された。アフリカの奥まで大がかりな探検がなされ、男、女、子どもまで含む群れが集められ、その多くは路上で、あるいは船倉で死んだ。

「それはたしかにそうです。でもアラブ人は、キリスト教徒のヨーロッパ人に黒人を売っただけですよ。ヨーロッパ人こそが、アメリカの白人入植者の要求に応えて、彼らを奴隷にしたのです。さらに言えば、アフリカの当時の族長も手を貸していましたよ」。

何と、アラブ人は、黒人自身の助けを借りて、奴隷商人に商品を納めただけだから、その罪は許されるべきなのだ。

さらになおこう弁明する人もいるだろう。そうした恐ろしい話は、去勢や奴隷制が風俗の一部であった時代背景において考えられるべきだ、と。よろしいとしよう。だが、これは単に過去の話ではない。去勢は現在も行われている。奴隷制は、サウジアラビア、スーダン、モーリタニア、イエメン、アラブ首長国連邦で、まだ現在も生きている。マリの首都バマコでは、ヨーロッパ、ロシア、アメリカの一流校を卒業した大物たちは、自宅に奴隷がいるのを当然のこととしていた。トルコ帝国から権力を受けたにすぎないちっぽけな王、チュニス総督は、ブルギバによって王政が廃止されるまで、奴隷も宦官も所有していた。これは数十年前のことでしかない。アルジェリアでは、大高原地帯の町アフルで奴隷市が開かれていた。あいもかわらず黒人だった。どうして民主国アルジェリアはこれを大目に見ていたのか。どうして誰もこの忌まわしい慣行の継続に反対の声を上げないのか。クリトリス切除は若い女性を死の危険にさらし、さらにセックスを困難にするが、こうした肉体的切断について、今日、沈黙を守るのは、同意しているかに見えるが、どうしてなのか。フランス当局はこれを禁止したが、フランス在住の両親は幼い娘を故国に送り、このひどい手術を受けさせる。今日までこれに対する抗議の声はまったく上がっていないし、それにヨーロッパの知識人たちからも上がらない。これは儀礼なのであり、西欧人は驚くかもしれないが、〈文化全体〉の一部をなしており、全体の文化に打撃を与えないで直ちに廃止できるものではないと、訳知り顔に説明される。従わない娘は生涯結婚できないおそれがある……。こうして、文化的特徴を尊重するために（ここでもまた、例の尊重である、その名目で、いかに多くの犯罪が黙認されてきたか）、苦痛、身体的切断、死に同意するのだろうか。音楽の徒弟が気を散らさぬようにと、彼の眼をくりぬくことも、風習だからと言って、やはり弁護するのだろうか。

擁護者の自己欺瞞とは言わぬまでも、彼の配慮は、およそあらゆる伝統の番人に共通するものであり、際限がない。イスラムの国際的会議において、口先だけの遺憾の意は示されたものの、一、二の声を除いて、自殺テロを非難する決議への署名に同意した国家元首は誰もいなかった。逆に、正当化しえないものを正当化するために、真実と正義をねじ曲げ、価値を逆転し、アイデンティティの幻想をふくらませる。ある若い女性教員が、大真面目に、ラマダンが痩せるためのダイエットとして効果があると説明する。楽しいエロチックな娯楽であるベリーダンスが精神性のシンボルとなる。ごく最近のことだが、あの徳の高いジュネーヴで教壇に立っているイスラム神学の教授が、不貞を犯した女性のリンチを正当化しようと試みた。西欧の性的放縦が良いのか、と弁じたのである。イスラムだけが、地球全体を汚染しかねないこの汚らわしい生活の、防波堤になりうる、と。もっと単純に、アラビア語起源のフランス語単語を並べたてる者もいる、アブリコ（杏）、バザール、マガザン（店）など。あるいは、ギリシャ哲学の西欧への伝達に際して果たした役割を強調したり（これは確かだ）、西洋が東洋に負う部分の大きさを明かそうとしたり（これも間違いない）、さらには東洋の優越性の広がりを明かそうとする（この点も議論の余地はない）。あなた方は私たちをもう十分に支配し、軽蔑し、略奪した。これからは、私たちがあなたたちと同じほど、いやそれ以上に価値があり、とりわけ、あなたたちなしでもやっていけることを証明してあげよう。

つねに大事なのは、不当にけなされ、脅かされる自分たち仲間の集団的人格を守ることである。この点で、弁護側は間違ってはいない。脱植民地化、民族の解放は、結果として西欧の価値と自分たちの価値との直接的対決をもたらした。だが、歴史の課したこの挑戦に脱植民地人が応じられるかどうか、確かではない。何か詭弁を弄して自分の脆さを長所に変えるとしても、彼は、西欧支配下の時代と同じように、自分はやはり敗者ではないかと、心の底でおそれている。たしかに、遠く離れた砂漠の中を除けば、どんな文化もこうした攻撃を受けるのであり、どんな文化もダイナミックで混合したものである。たえざる変容の下にあり、特に現代世界全体を押し流すこの潮流が始まって以来、その傾向は顕著である。どんなアイデンティティもこうして自分の内部で葛藤を生み、他者との間で争いをもたらす。旧植民者の文明でさえその子どもであるアメリカと争っているのであり、この子どもはもっと力強く、いたるところでこの旧文明を包囲する。だがこの旧文明は、自分が変質することなく、こうした沖積土に耐えるだけの十分な基盤をもっている。むしろこの沖積土で豊かになるし、それに多くの場合、これは共通の西欧の蓄積に加えられた装飾のようなものだ。

原理主義とそれが伴う狂信主義は、自信たっぷりな様子を見せてはいるが、絶望の産物である。この不可避の争いに耐えられないという絶望である。原理主義は、失われた元の完全状態への回帰、つまり障害を前にして後退することでしか対抗できない。だが、何への回帰か。この完璧な元の状態はどこにあるのか。それはどのようなものか。いくつかの原初の神話を別にして（これもまた学派により、必要に応じて解釈が異なる）、われわれが日頃接しているアラブ文化とは、アラブ征服者が多様な被征服民族から長い時間をかけて求めて得た豊かな成果なのだ。イスラムがイランやトルコから得たものは、もたらしたのと同じくらい大きい。今日のイラクやトルコは、ムハンマド時代のベドウィン族の文明とは遠く離れている。原理主義とは、懐古主義的ユートピアなのだ。原理主義者は、彼らが考えるような形でこの過去が実在したのだと想定し、時代遅れの武器で前代未聞の戦いを挑む。

アイデンティティがこれほど強調されるのは、アイデンティティが危機に瀕しているからだ。こうしたアイデンティティ宣言の裏で、それを喜ぼうと嘆こうと、西欧化が徐々にみなに共通の遺産に浸透していく。移民の子どもたちである若い世代は、マルーフ（十三世紀から十五世紀にかけて、アンダルシアの宮廷で栄えた音楽。北アフリカ、イスラム・アラブ世界で復活した）よりロックを好む。これは趣味が悪いかもしれないが、彼らはロックに世界の若者たちみなと同じ喜びを味わう。スナックで出される食事をばかにするのは上品かもしれないが、若者たちはここであまり金をかけずに十分な量を食べられる。ヨーロッパ人と取り引きする手強い金持ちの日本人は、キモノではなく三つ揃いの背広姿で現れる。人間と市民の諸権利はすべての国民にとって不可逆の獲得物であり、それを認めない人たちにとっても同様である。グアンタナモに拘束された捕虜たちは、これらの権利をくつがえそうとしていた。しかし、事態は逆転し、同じ権利の名において、彼らの法的、人道的保護の要求がなされる。

この新しい価値体系が相互依存という、共通の新しい形式を生み出したとさえ言えるかもしれない。だがこの価値体系の成功は、偶発的なものではない。諸個人、諸国民はより大きな自立に向かっていくし、これからは、すべての人々がこの自立を求めることになる。ただし、これを引き受けるのは、より簡単ではない。世界と向かい合うよりも、自分の村に閉じこもって暮らす方が、楽だったかもしれない。女性たちを閉じ込めておく方が、彼女らの性的欲望や両性の引き合う力に対処するより楽だったろう。だが、いったん手に入れた成果はおそらくもう手放せないだろう。歴史の流れによって、西欧人からこれらの成果を受け取ることになった。原理主義者たちは、ただそれだけの理由でこれを拒否するよう要求するが、脱植民地人は拒否するわけにはいかない。それに、彼にどのような行動ができるのか。ロンドンの狂信的イマームたちが断固宣言するような、西欧のイスラム化がありえないとすれば、脱植民地人、特に移民の場合は、別の文化の中に入ることから生じる葛藤に耐えて生きるしかない。この地球上の住民がすべてそうであるように、彼はますます混合した人格をもつことになる。たしかに、これは彼にとって一層不安なことではある。現代という時代に追いつくために、彼はかつての自分の一部を捨てねばならないのだから。

帰国神話の放棄

例えば、脱植民地人は知っているし、今では認めてもいる、自分は観光客の姿で定期的に訪れる以外は、もう望んで祖国に戻ることはないだろう、と。逆に、もし戻れば、人生の破滅的な混乱を招くことになると考えていると言ってもいい。神話は終わった、最終的帰国という神話はもう終わりだと、彼は気づき、認めたのだ。

長い間彼が信じようとしていたのは、国外追放と思えるこの状況に、いずれは終止符が打てるということだった。国外移住者は旧植民地人ばかりではない。しかし、受け入れ国に身を落ち着ける旧植民地人は、誰でも自分のことを、最初は、多少なりとも、国外追放者だと考える。ただそうは言っても、自分の意志で選んだという面もある。それはとりわけ、移民に祖国放棄の罪悪感から免れさせるアリバイにもなる。彼が祖国を離れたのは、貧乏、特に身内の忍びがたい貧乏に強いられてのことだった。そして今、身内に給料の大半を定期的に送ることができる。いつの日か、身内と離ればなれのこの状況に終止符が打てるだろうが、どうすれば良いかはよくわからない。やがて時とともに、彼は別の人生を歩み、新しい目印と喜びとともに暮らすようになる。その人生は、前の人生とほぼ変わらずに本物なのだ。国外移住は、つねに不幸であるわけではない。ある植物は植え替えられて枯れるが、他のあるものはうまく適応して、新しい活力を得る。祖国への帰還は徐々に夢のようなものになり、夢の実体は少しずつ失われていく。確かなのは郷愁だけだ。それに結局、故郷は遠くにいて思う方が良いのだ。今の方がむしろ、祖国は自分の中に生きている。マグレブの人々は、夏の夜、海、漁師からじかにたっぷりと買う量り売りの新鮮な魚の揚げ物などを思い出しては、涙ぐむ。めまいを起こさないように目隠しされたラクダは、水揚げ水車のまわりを倦まず回り、大地の奥底から恵みの水をわき出させる。彼はそよ風に運ばれるジャスミン、オレンジの花、香辛料の心地よい香りを夢中になって誉める。不快な匂いのことは忘れてしまい、せいぜい冗談の種にするくらいだ。怠慢な行政当局により放置されたままのごみの匂いとか、都会の屎尿が流れ込む湖の、頭が痛くなるような腐臭など。もっとも、この汚物が金持ちも貧乏人もみんなが好きな、丸々と脂の乗ったボラの群れを養ってくれるのだが。彼は太陽の裏切り、七月、八月のけだるい酷暑のことには触れようとしない。それは、人の肺も草木も焼き尽くし、これに抵抗するのは、傲慢に明るく咲くハイビスカスと、慎ましくもしぶといゼラニウムだけだ。そして、八月十五日、聖母マリア祭、シシリア人たちのマドンナが天の恵みの季節の変わり目で、みんな酷暑がゆっくり和らぎ始めるこの日を待っている。受け入れ国では、気候も人間も風習もすべてが厳しいと、彼は主張し、これに対して母国を弁護し続ける。彼は、自分がいずれは戻ると断言しているのだが、母国はますます想像の世界のものとなっていく。そこは、彼の送金で生き延びている国だ。ちょうどポルトガル移民が心に抱く、幻の村に似ていて、大事に手入れされ、どの窓にもかならずカーテンがかかり、ガレージには車さえある。しかし、そこに人が住むことは決してない村。

だが母国が、少なくとも思い出の中では、変わらなくても、彼自身は知らぬ間に変わってしまっている。受け入れ国の法律が柔軟となり、妻を迎え入れることができるようになった。もう独り者ではない。

あの頃は、何をどうしてよいかわからず、バルベス通りの歩道をふらつき、仲間と同居していた部屋と同郷の人間が集まるカフェの間を行ったり来たりしていた。国外に住む貧乏人の孤独を経験していない者には、その孤立無援の悲しみを推し量ることはできない。ところで、移民労働者の最初の集団は、ほとんどすべて独り者からなっていた。家族呼び寄せを認めた新法は、この物言えぬ絶望から彼らを抜け出させた。受け入れ国は当てにした天国ではない、それは承知した。しかし仕事は見つけたし、住むところもあるし、社会福祉上の諸権利（！）もあり、誰も彼に文句は言わない。例外は少数派の恐ろしい人種差別主義者だが、彼らは、多数派の住民によって強く非難されている。無料で治療してもらえるし、こざっぱりとした身なりもできる。今度は妻と一緒に住めるのだ。彼女のありがたい腕のおかげで幼いときの料理がまた食べられる。彼もうまく立ち回るすべは心得ている。だが女同士で情報交換をする妻の方がもっと上手だ。家賃をほとんどまかなえる住宅手当、乗り物がほとんどただになる交通費手当、働いていたことがあれば就職促進最低所得保障、たとえ正規に雇用されてなかったとしても失業手当、家族手当、病気全般の保障、妻に対しては専業主婦手当、さらには場合によっては、一緒に暮らし続けても、法的に離婚していれば、片親手当、また、政治難民手当が可能でもある。必要とあらば、名前を変更する。これには新しい書類が必要だが、偽造専門業者もかなりある。カメルーン人が特に優秀だそうだ。もし行政側が異議を唱えれば、無料で司法面での援助が得られる。弁護士だって頼める。それに、こんなことは恩恵とも言えない。フランス人ならみんな恩恵に浴している。どうして一番貧乏な彼に認められないはずがあるだろうか。

ほどなく、あちらよりここで過ごした時間が長くなるのに気づき、びっくりすることになる（いや、今となっては、あちらだのここだの言うのは、意味がない）。彼は今もときどき国に帰るが、妻がやって来てからはずっと稀になる。それにもう思ったほど母国がしっくりこないことを確かめ、困惑する。彼は移民だったのに、自分の国で一種の亡命者に変わってしまった。例えば、自分のいない間に、ことばが変わった。新しい状況が生んだ新しい単語にはわからないものがあるし、特に、若者同士の早口には当惑してしまう。またしばらく時が経つと、もう戻ることなどまったく思わなくなる。彼は二つのノスタルジーの間を行き来し、両方から共に少し距離を置く、これが現実的なやり方だ。

もし彼がやり手で、初めの頃のごまかしや、みじめな仕事から抜け出し、小さな小売店、食料品店、カフェ、あるいは修理工場などを始め、順調な発展に期待をかけている場合、もう少なくとも経済的には、税金を支払っている受け入れ国の長期在留者ではないだろうか。たとえまだ投票権はなくとも、いずれもらえるだろう。そして、彼が車に一杯新商品を積んで出身国に戻るとする、それを良い値で売りさばき、自分や妻の航空券や乗船券を買うとき、彼は、まるで元の同胞が外国人であるかのような商売をしているのではないだろうか。もし彼がインテリなら、彼は〈ルーツ〉について語り続け、〈原点に立ち返る〉ことを求め、〈アイデンティティ〉を擁護し続ける。ただ、こうしたルーツや原点とは本当は何なのか、もう今でははっきりしない。たしかに、アラブ諸国から直接情報を得るためにパラボラアンテナを付ける。少し前からは、あの有名なアルジャジーラを見ている。こちらの方が信用できるし、自分の中の東洋的な面を重んじる一つのやり方なのだ。国を離れていると、こうなるのは理解できるが、逆説的ではある。国に帰ると、むしろ西欧のチャンネル、例えばフランス2に親しむからだ。というのも、反対に、国のテレビの息のつまるような圧力を、避けたくなるからだ。彼は、驚くほど金持ちだが要するに時代遅れのこの「東洋人たち」を、内輪では遠慮なく嘲笑する。彼らの妻たちはスカーフをかぶったままで、どうやって食べるのだろう。「車のボンネット」のようにスカーフを持ち上げないといけないのだろうか。自由な選挙を経ずに、しかもしばしばクーデターで権力の座に就き、居座る専制君主たちを、彼は大体認めない。昔の時代のような狂信主義や、風俗習慣の停滞を評価することもない――ブラック・アフリカでは、儀式のための人食いが完全には消え去っていないという話だ。たしかに、彼は伝統的儀式を放棄するにはいたっていない。そんなことをして、自分を完全に見失うのが怖いからだ。それに子どもたちにほかの何を伝えればよいのだろう。伝承は避けて通れない義務だが、しかし自分自身がもう、伝統的儀式に完全にアイデンティティを見出すことはない。アラブ大衆との連帯はどんなものでも否定はしないが、しかし彼らの暴発的行動には恐怖を感じる。血が出るまで恍惚状態で自分を鞭打つイランの苦行者には少し恥ずかしさを覚える。カミカゼについて言えば、たしかに彼らの絶望は理解できるものの、世界におけるイスラムのイメージを確実に傷つける。まったくのところ、これら兄弟国の社会はいまだしっかり閉ざされており、その古い城壁はなかなか崩れ落ちない。

要するに、彼はどうしても認めざるをえなくなる。西欧人の自由と進歩という価値、人権と民主主義、思想の自由、さらには女性に対する公平な態度などを、自分がある程度身につけたのだ、と。もっとも、女性たちの方は彼の意見は求めない。夫の友人の連れ合いには西欧の女性もいて、彼女らを模倣するからだ。また、彼自身少数派である以上、ぜひ少数派を尊重したいと思う。こうした立場が定まると、これらの価値を擁護する何らかの組織に入って、活動することはできないかと、おずおず自問してみる。やがて、組合は彼の社会的・職業的権利要求を支持してくれることに、彼はすでにとても満足している。

スカーフ問題、無資格滞在者問題で正しい立場とは何かと、自問するまでにいたる。無資格滞在者たちは受け入れ国に不法入国しておきながら、すべてを一遍に要求する。それなのに帰化の申請はしない。彼はといえば、八方手を尽くしてやっと帰化できたのに。世界のアラブ人との連帯に躊躇している、と見られることをもしおそれなければ、彼はこう言うだろう。「要するに、私はイスラムを信仰する一フランス人なのだ、他の人たちと同じ一市民なのだ……もし他の人たちが私を完全に受け入れてくれるなら」。そして、結局はそうなるだろう、アクセント、顔つき、それにあまりにも出自が明らかな名前があっても、そうなるはずだと思う。

帰国は、まずありえないだろう。彼はこの地で老いるだろう。初期の年老いた労働者、シバニ（アラビア語で〈年寄り〉の意味）のように。国にとどまる親戚縁者が、彼に身内の許で最後の日々を送ってほしいかのように、帰国を促しても、シバニは帰国を拒否する。彼らが二、三人、平均的フランス人を真似てベレーをかぶり、宿泊センターから遠くない公園のベンチで談笑している姿が見受けられる。だが、彼らの姿は、自由を夢見ることさえなかった年老いた解放奴隷のようだ。これに対して、移民は自分を自由な人間、ますます自由になる人間と考える。はるか昔に国を後にした人間とまだ同一人だと言えるだろうか。たしかに、カテドラルがモスクに取って代わり、鐘の音がアザーンの呼びかけに取って代わった。だが、彼は臨時の礼拝場所でお祈りをすることはできる。それに、近所に本物のモスクがやがて建てられるという話もある。しかしながら、真に決定的な事件は子どもの誕生だった。

移民の息子

なぜなら、移民とその子どもの間には断絶が存在する。彼らは同じ記憶をもたず、未来にかんする思いも異なり、同じ世界に属しているとはとても言えない。結局、移民とは今や過去の人間だ。彼の息子や娘は、未来に向かって投げ出されている。たとえ彼（女）らが苛立ち、時に未来での成功に絶望し、あるいは未来を拒否するとしても。移民の過去は、思い出の霧の中にますますぼやけていくが、それでも移民にとっては一つの土台である。その土台は時とともにどんどん作り直されていくが、それを思い、彼は切ないため息をつく。そして場合によっては戻れるかもしれないと、まだ信じようとする。いずれにせよ、彼にはまだ親戚があり、国にとどまっている友人たちもいて、彼らと文通をし、電話をし、彼らの許に滞在することも可能なのだ。時には、足場となるアパートを自分でもっていることもある。だが、子どもたちはその地から出発したわけではないのだから、帰還の可能性は存在しない。そして、両親の国に行く機会があっても、知っているものは本当に何もない。それは帰還ではなく、発見の旅であり、しかも多くの場合期待はずれな旅となる。バカンスは西欧から借りた風習だが、移民のバカンスは、母国への義務的な滞在という意味と同じである。息子の方は、ドイツやイタリアにも行くであろうし、そうした国に女の子を追っかけていくこともある。彼ら親子は完全に同じ共同体には属していないのだ。移民は、二重の帰属を調和させようとしながら、何とか生きていく。息子の方は、気分と状況次第で、

「俺はフランス人だ」「俺はここの者だ」と言ったり、「俺はアルジェリア人だ、モロッコ人だ、チュニジア人だ」と言ったりする。だが、そのどちらの場合も、挑発的に他者に挑むためである。そしてまた、自分自身を納得させるためでもある。それはちょうど、疑念にとりつかれた信者が、神の存在を自分自身再確認するために、連禱を唱えるようなものだ。結局のところ、あちらの母国に住む人々と移民の方が、移民の親子よりもよく似ているのだ。

移民は、自分から生まれたこの若者たちがどうにもよく理解できない。彼は目的をもっていたし、その目的はほとんど達成された。受け入れ国にたどり着き、貧困から逃れ、可能な限り同化し、自分の宗教とアイデンティティにかかわる特徴はそれなりに保持しながらも、それでもこの受け入れ国の住民の中に溶けこもうと願った。今彼は自分が新たに市民となったその同胞と同じ服装をし、同じ職を志願し、同じ娯楽を楽しむ。車をもち、あるいはもつことを夢見る。彼の子どもたちはみなと同じ学校に行く、ただ子どもたちは時に熱心さが足りず、それが彼を嘆かせる。というのも、この国では学校があらゆる昇進の扉を開けることを、彼は知っているからだ。妻にはなじみの商人があり、生活を快適にする手立てを知っている。できることなら人目につかずに生活したい。ところが、子どもたちの方は、親が手にしたこれらの既得権をばかにするだけではなく、それを見直そうとする。彼らは騒々しく、要求ばかりし、攻撃的だ。親は苦労して手にした特典に喜んでいるが、子どもたちにとっては、十分だったことは一度もない。「やつらは俺たちに何もくれなかった」と彼らはわめく。まるでそれが彼らの議論の余地のない権利であるかのように。そして、同化は願いであり希望であったのに、やっと手に届くようになった今、子どもたちにとっては屈辱的な強制となっているように見える。娘となると、なお一層わからない。どうして挑発的に、人目につくスカーフをかぶり出すのだろう。時には、たしかに、彼の方からスカーフを押し付けることもあり、娘たちはそれにまた反抗する。どちらにせよ、伝統的な両親の権威から逃れることが目的なのである。娘たちは極端なメーキャップや、みだらなミニスカートで親を顰蹙させる。男の子と考えられないような付き合い方をして、親をびっくりさせる。彼は娘たちの身に危険が起こらないか心配するのだが、これは男の子の傾向からして、決して取り越し苦労とは言えない。極めつきは、娘が非ムスリムと付き合っているのを知ったときだ。親はほとんど脳卒中に襲われたようになる。どう対応したらよいかわからない。国でなら、殺すまではしなくても、昔のように、家に閉じ込め、殴りつけただろう。同じ宗教の男との見合い結婚を、急いで無理にさせようかとも考えた。だがそんなことをすれば、フランス人多数派の掟に反することになるだろうし、それに自分の家族だって承知しないだろう。年頃の娘との争いが消耗なのは、言わずもがなだ。それに、不思議なことだが、女の子は男の子に比べてもっと向こう見ずであり、宗教や伝統に対してより自由に振る舞う。彼女らが失うものと言えば、自分たちを縛りつけている鎖だけなのだ。

世代間のこの無理解は、対立、むき出しの敵意、軽蔑へと転じる可能性がある。息子は父のようには警察を恐れない。父はあいかわらず移民として反応してしまう。息子は警察を挑発し、民主主義国では大したことにならないのを承知の上で、警察に石を投げつけさえする。もっと多いのは、軽い非行に走るケースだ。大麻のようなソフトドラッグ、場合によってはヘロインやコカインのようなハードドラッグの売人になる。時にはクラスメートに対してきわめて憎むべきゆすりを行う。彼だけというわけではない。非行はよそ者の特産ではないが、恵まれない者たちの間により多く生じるのだ。移民の子どもたちに失業者、貧困者の割合が高いように、非行の割合も高い。この相関関係が人々の心に特に重くのしかかる。

移民の父親は、非行少年をかばう振りはするものの、恥ずかしく思う。地下鉄で禁煙なのにこれ見よがしにタバコをふかす者を、彼は認めたくない。彼らは、咎めるような顔の他の乗客をあざ笑い、「文句あるのか」と、誰にともなく大声を上げる。父親は、子どもの話すことばに眉をひそめる。穏やかな表現に直させようと努めはするのだが。子どもの弁護をする妻のことが特に気に入らない。彼は怒り狂い、またたじろぐ。自分が一生懸命築き上げたものがすべて見直される気がする。逆に、受け取るものと言えば、子どもたちの恨み、隠そうともしない軽蔑の念だ。子どもたちは、すべての子どもがそうであるように、父親がもっと立派ならよかったのにと思う。ブレッド（北アフリカの片田舎）の思い出にふけり（子どもたちは彼のことをブレダール（北アフリカで勤務したフランス兵）と呼ぶ）、長い間〈他人の汚物を清掃した〉この〈年寄り〉と子どもたちとの隔たりは、あまりにも大きすぎる。どうしてそんな仕事を受け入れたと言われる。だが、子どもたちは忘れている、この仕事の他には何もなかったし、それを受け入れなければ、子どもたちもここにはいなかったことを。

息子は少なくとも反逆者だ、父にとって、また自分自身にとって。反逆してどうしたいのかは、まだわかってはいない。だがいずれにせよ、父親と同じになることは拒否する。父親の給料は家族の生活費から見ても、それに外の家族の稼ぎに比べても、まったく少ない。稼ぎとしては大麻の利益が飛び抜けている。不幸にして、父親が失業すれば、食い扶持一人分とみなされそうだ。母親はこの父親の影の薄さを時に利用する。息子は、軽蔑している父親のことはまず話さない。それでもまだ少し恐れてはいるが、まるで存在していないかのようだ。母親のことは話す。だが、彼女は肥っていて、ろくに字も読めず、それに身なりからいっても、ほっそりとしてエレガントな西欧女性のモデルからあまりにもかけはなれている。息子は、いつも口にするわけではないが、この西欧の女性をものにしようと思っているし、娘たちはあからさまに彼女らの真似をする。

つまるところ、移民の息子は、ヨーロッパで誕生しつつある新しい種類の人間だ。彼は自分が誰なのかわからず、自分がどうなりたいのかも完全にはわかっていない。両親のことを恥ずかしく思いながら、同時に自分の将来も信じられないのは、決して楽なことではない。フランスに到着したイタリア人、ユダヤ人、ロシア人、ポーランド人の移民は、この国への感謝と幾分の苛立ちの混じった気持ちを抱いていた。自分たちの望んでいるものをなかなか得られなかったからだ。しかし、彼らは望んでいるものが何であるか知っていたし、それを獲得するために闘った。たしかに、亡命者はみんなアイデンティティの混乱を経験する。だが、みながみな、自分たちの意思と関係なく生まれ落ちたこの国によって植民地人とされた父親をもつわけではない。マグレブ移民の息子は、植民地支配とそれに続いた旧本国内での労働力搾取の思い出を今なお我慢しなければならないのだ。

ゾンビ

では、いったい彼は何者なのか。彼をどう呼べばいいのか。明確な定義がないこと自体、彼が何に対してであれ、同化することの難しさをすでに示している。まず自分の家族に同化できない。家庭では父親は陰気で、傷ついており、不機嫌に沈黙を守り、酒の力を借りて荒れ、見せかけの権威を振り回す。共同体にも同化できない。そもそも共同体自身がアイデンティティの混乱に陥っているのだから。いっとき、自分をブールと名づけたこともあった。ブールとはアラブをひっくり返したアナグラムに近い。だがこれは、フランス人でキリスト教の国民に対し、自分がよそ者であることを示すものであり、人種的起原、ムスリムとしての出自に縛りつけることだった。マグレブの若者という言い方もあまり良いとは言えなかった。これもまた一種の排除であり、差異の強調である。こうしたわけで、移民の子どものことを、年齢だけを取り上げて、若者と縮めて表現することになった。もちろん、他の若者たちの抱く基準、関心事、未来には合致しない特別の若者たちを示すことはわかっていた。そういう呼び方で、彼らの過度の示威行動、仲間の犯す愚行への自然な連帯、警察力への絶えざる反抗、ほんのちょっとした制裁に対する彼らの反発の激しさにかんする、一応の弁明になっていた。ところが、彼らとていつまでも若くはなかったから、より一般的な用語を見つけなければならなかった。そこでムスリム・フランス人という言い方が提案された。だが、この二つの単語それぞれにどんな意味をもたせるのか、はっきりしないままだった。

肌の色のせいで、黒人の若者の生き方には、一段と複雑さが加わる。彼らの気持ちは不安定で、激しやすく、自分自身にもこの世界全体にも不満を抱いている。彼らは多くの欲求不満、要求をブールと共有するが、しかし彼らとしばしば衝突もする。それというのも、彼らは、自分たちの拒否する似姿をたがいに投影しあっているからだ。それに、完全に清算されていない昔からの争いごと、旧奴隷に対するアラブ人の伝統的な軽蔑、奴隷商人に対する黒人の漠とした恨みもある。実際ブールのブラックに対する暴力沙汰は頻繁に起こっている。ただ例外はアンティル諸島人で、彼らはフランス語圏に昔から属していることに自信をもち、こうした不満感、自己と他者への疑念から幾分免れてはいる。もっとも、彼らも自分たちの変えようのない肌の色を同じように口にし、少し前からは独立派の主張に耳を傾けるようになってきている。黒人の若者も、仲間のブールにならってブラックを自称するが、彼らも両親や共同体に対して寛容ではない。彼らもまた、セネガルやマリのあまりにも従順で控えめな労働者たちを軽蔑する。こうした労働者たちは激しい反抗をせず（伝えられるところとは逆に、彼らはしばしば強制的徴兵には逆らったが）、原住民歩兵連隊の人員供給源となり、殺人の尖兵となり、ご褒美としては勲章一個と街路清掃人、下水掃除作業員の職を与えられたのだ。

　ブールはブラックと同様に、街路清掃人、下水掃除作業員になることを拒否する。では、何になるのか。旧体制下で幅を利かせた出自に代わって、免状が重要になった国においては、社会階層の底辺に追いやられないためには、学校に行かなければならない。ところが、多数派社会に特有のこの制度に対して、ブールの反抗は広がりを見せる。彼はいやいや学校に入り、トラブルを巻き起こし、学校にあらゆる束縛の象徴を見てとり、善意に満ちた気の毒な先生たちを耐えがたい状況に陥れる。学校の秩序は先生への尊敬を前提として成り立っている。権威がほとんど消えてしまったクラスを、どうすれば機能させられるか。嘲笑が同意に取って代わっている。卑猥、侮辱、時には暴力が先生と生徒の間にあった伝統的な関係に代わってしまっている。生徒が法となり、場合によっては扱えない題材もある。だが、移民の息子は学校によって救われたかもしれないのに、こうして拒否すれば、拒否する者自身の自己破壊にいたりかねない。この制度は父親を街路清掃人に追い込んだ。息子はこの制度に抗議しようとしたのに、自分自身その地位に追い込められ、自分が忌み嫌った父親の姿と重なり合うおそれがあるのだ。これに、雇用に際しての、多数派住民の他者を嫌う不信の念を加えるなら、郊外の二五歳以下の若者の失業率が四〇パーセントにのぼり、職のない若者が考えつくあらゆる成り行きまかせの愚行に走ることも理解できるだろう。群れを組んでふらつき、広場や建物のホール内で長々と議論をし、ときどき古くからの住民に嘲笑を浴びせ、彼らの不安を呼び起こす。

いくつかの善意の団体、労働組合、左翼諸政党が、こうした苛立ちのはけ口となる可能性はあった。これらの組織は、恵まれない人たちを助け、彼らの代弁をし、そこに新たな支持層を見出そうとした。社会主義は一時期、移民やその子どもたち、さらにはまた第三世界全体にとって、最良の選択肢であるように思われた。だが、これがまたもう一つ別の誤解を生み出す基になった。最も広い意味での社会主義者たちは、移民やそれに第三世界の特殊性を見抜けなかった。だから、その人種的、国民的、宗教的次元をほとんど考慮に入れなかった。左翼にもそれなりの言い分はあった。彼らはこうした次元の問題自体に批判的だった。何より自分たちの支持層の利害に関心があったから、支持層のもつ偏見を共有することさえあった。たしかに違法建築ではあったが、移民の建てたバラックを共産党市長がブルドーザーで壊すことさえあった。それが本当かどうかはともかく、移民たちが抱いた印象は、雇用における反差別闘争において、社会主義者がいつも同じ断固とした姿勢を示したわけではない、ということだった。国際的な面では、共産主義者とその系列の組合は、第三世界諸国の要求を無視して、〈社会主義の祖国〉ソ連の利益を守ることをしばしば優先した。ソ連は第三世界に対して食糧や技術支援よりも武器を、高い値段で売りこんでいたのに。要するに、移民の息子が引き出した結論は、こうした世界では、人々は移民や移民の抱える問題にはまったくかかわりをもたないということだった。

たしかに、彼は同胞たちの集会に出席するし、その場でやっと、自分の気にかかる問題が取り上げられる。だが、それも結局、パレスチナ問題やアメリカへの憎悪で熱い議論になったり、あるいは、どこか想像上の国、黒人の場合は神話的なアフリカ、アラブ人の場合はアンダルシアに夢を託したりするだけで、やはり出口のない道だ。逆に、現実の日常社会で自分が排除されていることが確認されるだけだ。この実りのない、終わりのないおしゃべりには、もっともと思える解決は何一つないように見える。彼はやがてうんざりし、日頃の無為へとまた戻っていく。

だから、移民の息子はゾンビの一種である。自分の生まれた土地と深い結びつきがない。彼はフランス市民だが、完全にフランス人だとは自分で感じられない。同国人多数派の文化を部分的にしか共有していないし、宗教はまったく違う。かといって、完全なアラブ人でもない。そもそもアラビア語がほとんど話せない。両親はまだ使っているが、彼はフランス語か、あるいは第三者にはわからない混ぜ合わせのことばで答える。学校でもアラビア語を第二言語として選ぶことはほとんどない。宗教に回帰するとしても、娘たちのスカーフに似て、デモの際、旗の代わりに振りかざすコーランを読む力はないはずだ。両親の出身国に旅をする機会が訪れると、その国がもはやどんなに自分の国でないかに気づくことになる。いずれにせよ、そこに腰を落ち着けることは絶対ないだろう。まるで自分が別の遊星から来たみたいに感じられる。

そして、事実、彼は別の遊星の出なのだ。つまり郊外という星だ。郊外のロマンチシズムを謳い上げる連中は、自分が何を語っているかわかっていない。緑の中に隠れた慎み深く上品なソー（パリ南郊一〇キロメートル町の）と、首都から数キロメートルしか離れていないのに、神様にも地上の役人にも見放された悲惨なショワジー＝ル＝ロワ（パリ南東一一キロメートル郊外の町）を混同しているのだろうか。貧しい郊外に住むのは、普通の町に住むのとは違う。建物は荒廃し、エレベーターは危険で、ベニヤ板のドアに塗られたペンキは剝げ落ち、道路はでこぼこだ。冬はぬかるみ、夏は照り返しの熱気で人を悩ます。郊外は中心のない砂漠みたいなものだ。カフェは稀で、店屋は埃だらけだ。ちょっとでも成功した者は、逃げ出してよそに移る。だから、貧困とその他の問題の山はいつまでも同じままだ。警察も不安げに入ってくる。〈若者たち〉は、警察を目にしただけで怒りだすのだ。まるでこの地帯が、若者たちに属するノーマンズランドであり、敵の侵略を受けるかのようだ。ここでは、警察の努力には絶えず困難がつきまとい、彼らの権威が疑問視される。だから、警察も過敏に反応し、高級住宅街で見せるような柔軟さを示してくれるとは限らない。〈若者たち〉が、自分たちの町を逃れて、金持ちたちの町、本物の町に繰り出すときは、探検に出るような気分で、うっとり見とれ、羨ましく思い、攻撃的な感情を抱く。自分たちの町に戻るときは、あまりにも短いバカンスが終わったような、うら悲しい気分だ。

排除から非行へ

移民の息子は、両親への一体化を拒否し、多数派市民からは見捨てられたと思っているので、もう自分で歩む道しかない。だから、多数派市民社会の外、国外に範を求めなければならない。だが、この新たな同一化もまた容易なものではない。もちろん、外国の保守派を真似るわけではない。そんな連中からは同じ拒否反応が来るからだ。真似るのは、いわゆるサブカルチャーに属する反抗者であり、アウトサイダーだ。それもできれば、アメリカ、何よりも黒人がいい。これもまた別の逆説だ。彼は忌み嫌っているアメリカから借り物をする。反体制派を介してであるにしても。支配者の文明は、被支配者をも魅惑する力をもつ。

このようにして、移民の息子の全身を写した肖像ができあがる。一目でわかるモンタージュ写真とも言える。夏はTシャツ、冬は古着屋で安く手にいれた皮ジャン、そして多くの場合、だぶだぶのズボン、米語では〈袋〉を意味するバッグだ。実際このズボンはぶかぶかで、膝がたわみ、歩きにくく、本当に彼自身が〈袋〉に似てくる。さらに後ろから見ると、羊の尻尾のようで、これは現在でもチャドのムスリム圏にまで見られるアラブ風のサルワール（ゆったりしたアラブ婦人用ズボン）に似ている。彼はアメリカの黒人から借用したつもりだが、黒人がそのアイデアをアフリカに求めたことはかならずしも知らない。黒人がそうした理由は、ただ単に肌の色が同じだからではなく、白人の奴隷でなくなっても、まだ白人に支配されていると思い、抑圧以前の自分たちの原点をそこに見出せると信じたからだ。同じように混乱した理由から、ある者たちはスペイン侵略によって多数虐殺された南米先住民族を真似て、雄鶏のとさかのような髪型をする。一九六八年五月、無用な暴力を振るうので、一般学生から良く思われなかった一部の異議申し立て者は毛皮帽と鎖類をこれ見よがしに身につけ、〈アフガン人〉と名乗った。というのも、アフガニスタン人が絶対的反抗の象徴のように思えたからである。髪の毛を細く何本にも編むやり方も、同じようにアメリカ経由のアフリカ原産のものである。このように髪を編んでいる男の子は、このモードが女性用であることを知らない。若者たちの間で大成功したピアスや刺青も同じである。ムスリム・アラブ人だけでなく、パレスチナの大義に共感するヨーロッパ人も、中東で使われている黒と白、あるいは白と赤のスカーフを首に巻く。頭には、これもアメリカ風のひさし付き帽子をかぶる。これは便利でもあり、アメリカの影響もあり、多くの人々に広がりを見せそうだが、ひさしをうなじの方に向けてさかさまにかぶるのが好まれる。普通のかぶり方に逆らうのだ。どれも、多数派住民の若者たちの場合は、例えばタムタム音楽のように、第三世界の影響をある程度受けた流行にすぎない。しかし、移民の息子の場合はそうではなく、他人に見せつけるためのしるしなのだ。水夫や縁日のレスラーのような体を揺すった歩き方もそうで、多分、より大きな肉体的な存在感、自己統御と力強さの印象を与えるためだろう。

おそらく同じ理由から、移民の息子は、若者がよくするように、孤独から逃れるため好んで群れをなして徘徊する。そして仲間の威を借りて自分の力を誇示する。もう自分一人ではなく、怖い徒党のメンバーであり、実際この徒党は恐れられる。ところで、彼らが引き起こす恐怖は、自分たちにとって喜びであり、挑発であり、かすかにせよ徒党外の者への影響力でもある。移民の息子たちにとって、これはまた復讐でもある。父親が汗を流して歩道を掃き清めるのと釣り合いを取るために、仲間たちと一緒にこれ見よがしに歩道を支配し、他の歩行者に車道に下りるしかないようにさせる。できるだけ物音をたてて、大声で話す。できるならアラビア語で。彼は誰に対しても道を譲らない。年取った女性に対してもそうで、彼女は壁に張り付いていないといけない。老人もまた敵側に属しているからだ。赤信号でも平気で道路を横切り、ドライバーにスピードを落とさせる。地下鉄では無賃で改札口を通過する。回転柵を飛び越えて敏捷さを見せるのも、ちょっとしたおまけの楽しみだ。前の座席に足を投げかけ、窓ガラスに自分のサインを入れる。すべての法が自分のためにではなく、自分に逆らって制定されているのだから、尊重する必要などないのだ。

逆に、彼は自分なりのしきたりをもっている。それは大雑把に言えば、攻撃とまでは言わないが、抗議と挑発の表明である。ダンスや音楽さえこうした意味を帯びる。ヒップホップ、ラップ、タグ（スプレーによる落書き）など、同じくアメリカから輸入されたものが、これを象徴している。ヒップホップはダンスとアクロバットが半々だが、最初は手を使うが、コマのように、頭だけを軸にして回転する。ラップはシンコペーションされたことばで、音楽の有無にかかわらず、アフリカのグリオ（西アフリカの口承伝承者）とおそらく共鳴するものであり、彼が多数派による制度の暴力と考えるものに対する、ことばによる暴力の代わりである。タグはさらに一歩前に進む。壁や車や列車や、清掃人の手の届かないところにまで書かれたこれらの落書きやデッサンは、時に遊び心もなくはないが、多数派市民世界への闖入であり、こうして多数派市民はこれらのメッセージに目を向けざるをえなくなる。美的要素にもっと欠けるものとしては、通りの表示板にペンキを塗って読めなくしたり、エレベーターの中に放尿したり、地下鉄やバスの座席のカバーをカミソリで切り裂いたりする行為があるが、これもすべて同じ気持ちの表現だ。さらに一歩進めば、車の放火にいたる。フランス本土で決まって毎晩約二十台、大晦日の夜は儀式化して三百台以上が焼かれる。

たしかに、テロにはまだいたっていない。しかし非行の段階は確実に上がっている。あの例の侮辱

——「お前のおふくろをやっちまえ」、「お前の姉貴をやっちまえ」は、女性のセックスという最も気がかりな面において、多数派市民を脅かそうとしている。彼の方は自分たちの女性の純潔をあれほど重視しているのだが。あるいはまた、集団的行動としては、フランス・スタジアムにおいて、移民の子どもたちがフランス国歌、ラ・マルセイエーズに口笛を吹き、国家全体に敵意を示そうとした事件があった。あれは歴史的な事件だった。彼らはこれから、国歌を歌う代わりに、「俺たちはみんなビン・ラディンだ」、「俺たちはみんなサダムだ」と叫ぶだろう。そうやって、自分たちの真の帰属先と思っているところ、すなわち、西欧と対立するよそ者という身分を明確にする。あるいはまた、さらに軽率な脅しをかけるかもしれない、「俺たちは六百万だ、二十年後には一千万になるぞ」、今に見ていろというわけだ……。

だが、非行が既成秩序を脅かす試みだとしても、それはまた自己破滅にもつながる。なぜなら、やがて多数派社会が自己防衛をするようになるからだ。盗難車で警察とカー・チェイスをやり、それが大事故に転じることもある。するとそこから、復讐と反撃のサイクルが始まる。これがまた排除されているという感覚を高め、新しい挑発と非行の増大を引き起こす。刑務所は軽犯罪者で満員だ。ソフトドラッグを一包ずつ売りさばく者、スーパーの万引き、血の気の盛んなチンピラ、郊外の女の子相手のマッチョなレイプ犯。そうは言っても、彼らは少数にすぎない。西欧の政府当局は、多数の人間の生活源となっている麻薬密売をあまり厳しく取り締まらないでいるのかもしれない。それに、取り締まりが効果を上げていたら、非行が別の形を取っていたかもしれない。たしかに、金目当てにせよ、あるいは政治的なものにせよ、重大な暴力にまでいたる者は稀である。だがそうはいっても、ハンドバッグを奪うために老婦人の顔を殴る者たちをどう位置づければ良いだろう。怨恨がテロリズムを生み出すとすれば、移民の息子たちがカミカゼ殉死者の徴兵係の格好の供給源になるとしても、何の不思議もない。

同化と統合

しかしながら、いずれにせよ、よそ者に囲まれて生きる場合、せめて表向きだけでも、多数派に可能な限り統合されることが一番理にかなっているのかもしれない。例えばスペインのマラーノ（隠れユダヤ教徒）は、異端尋問による破門を免れるため、何世紀にもわたって、カトリックを信奉している振りをした。だが人間にせよ歴史にせよ、理屈だけで進むものではない。同化が成功するためには、少数派がそれを望み、多数派がそれに同意しなければならない。だが、移民の場合も先住者の場合も、事はそう確かではない。両者ともその気になっているように見えるが、同時に両者とも同化を恐れている。

先住者は、移民に対して複雑な感情を抱いている。植民者だったときは、彼は植民地人の心情をかなりよく見抜いていたし、植民地人のさまざまな困難に同情することさえあった。何か急に騒ぎが起こって、時に身の危険を覚えることがあっても、その危険は理解できるものだった。もし自分が被支配者の立場だったら、同じように反発したかもしれない。自分はたまたま強力な国家に属し、手際よく弾圧できるよう装備した警察や軍隊に守られていた。ところが、逆説的なことだが、同じ国の市民となった昔の敵は理解できない。昔は、話は簡単だった。この現在の同胞は独立を要求していた。そして独立を獲得した。今何を望んでいるのか。特に、高い代価を払って獲得した自由を享受するために、どうして自分の国にとどまっていないのか。憎しみを公言し、ぜひとも別れたいと願っていた旧本国にどうして急いでやってきたのか。その上、この地で不幸だというのなら、どうして解放された自分の国に帰らないのか。

もちろん、事はそれほど簡単ではない。そのこともわかっている。植民者と植民地人の間の実に長い共存が、経済的、言語的、文化的、時には家族的な結びつきさえ強めた。それにまた、若い国家には経済的、政治的困難があったし、その多くは植民地支配の後遺症なのだと、移民は主張する。そうかもしれない。ここでも多数派市民は譲歩する。だがなぜ、一種のよそ者にとどまっていないで、本当に同化しないのか。植民地時代には、それぞれ自分の地域で暮らし、知り合うことはほとんどなかった。今や共同生活が相手を知ることを余儀なくさせる。多数派市民は二つの顔をもった存在に向き合っている感じを抱く。一つの顔は親しいが、もう一つにはなじみがない。そして否応なしにこのなじみのない顔と向き合わねばならない。自分の生活にもぐりこんできたこの異質性をなくすには、少数派が根本的に変革をとげ、自分たちに似た存在になる以外にないと、多数派は思う。

だが、これが可能かどうかもはっきりしない。そうした事態を彼ら自身望んでいるかどうかもはっきりしない。すべての外国人同様、移民も潜在的裏切り者と感じられる。移民はせいぜいのところ、出身国と受け入れ国に対して二重の忠誠心をもって生きている。この両国の間に危機が突発すれば、移民はどう反応するか。どちらの国を裏切るか。疑わしいのだから、監視している方が良い。この前の大戦で、合衆国は日系の自国市民を、何の疑わしいところもないのに、万一の用心に強制収容所に収容した。フランス人もイタリア人に同様に対処した。反ファシストの場合でも、そうだった。若い国家は、イスラエルも含めて、自国内の少数派に兵役を免除する選択をしている。つまり、武器から遠ざけている。ヨーロッパでは、イラク戦争の際、ムスリム社会が比較的冷静な反応を示したと賞賛された。これは、ひょっとしたら、ムスリム社会が何か混乱を引き起こすとか、あるいはイラクという国との連帯の方を選ぶとか、そういう可能性もありえたと考えたからではないだろうか。移民は、受け入れ国の利害とは言わなくても、その団結を危険に陥れることもありうると疑われる。移民は、トロイの木馬のようなもので、木馬の腹の中には戦士がひしめき、外部からの合図で市内に飛び出し、攻め手のために市の門を開くかもしれないのだ。

これは、ヨーロッパの歴史において新しい事態である。ヨーロッパが外国人を受け入れたのは、何もこれが最初ではない。外国人を同化するためには、それを望むと同時にそうできる力が要る。今回、ヨーロッパはできる自信もないし、それを望んでいるかさえわからない。黄禍（黄色人種が白色人種にもたらす禍。日清戦争後、ドイツ皇帝ヴィルヘルム二世が黄禍論を主張した）のあとで、今度はムスリム禍であり、これを前にして多数派市民は無力感を感じる。フランス人、そしてヨーロッパ人の多数派は、ポーランド炭鉱夫、イタリアやスペインの石工を、大した腹痛もなく吸収したが、それと同じようにイスラム移民を消化できるかどうか、もはや自信がない。本当は、フランスは自国の文化と諸価値のもつ豊かさや優位性をなお信じるべきだったのかもしれないが、もうとうてい無理なことだ。もうほとんど忘れられているが、かつての共和国小学校では、フランス人の祖先はガリア人だとみんなに教えた。これは苛立たしさと笑いを呼んだが、最後にはほとんどみんな信じるようになった。ただし、新しい移民とその子どもたちは別だ。今日、誰もあえてこんなことをやらないだろう。逆に、フランス語・フランス文明講座を開講すれば、移民たちの集団的特性、権利、欲求に反しはしないかと心配する。このために、旧本国の教育の元気がなくなった。その結果はまたもや不幸な教員に押し付けられるが、彼らにもどうしようもない。みんなはっきりとは言わないが、とにかく移民の同化はまず無理だろう、とおそれているかのようだ。

たしかに、同化されるためには同化可能な存在でなければならない。ところで、統合しようとする側が抱く現実の、あるいは想像上の不安に対して、同化される候補者側の不安が呼応する。一方の拒否に他方の抵抗が呼応する。少数派は、多数派の要求を前にして、めまいを感じる。深淵に呑み込まれそうなのに、救いの手はない。同化・統合をめぐる議論は、ことばの意味の問題ではない。移民は自分の熱意を相手に納得させるために、どこまで進めるのか、また進むべきなのか。表面的に統合されるだけで良いのか。だが、相手と距離を置いたままで、それは可能なのか。

イタリア人、ポルトガル人、スペイン人、ほどなくルーマニア人、ハンガリー人、つまりヨーロッパ人のキリスト教徒は、同化の一つの段階として、まず小教区に統合された。マルチネス（スペイン人の姓）はマルチネとなり、ついでマルタンとなった。ムスリムの移民は、ムスリムとしてとどまり、ムハンマド、アリと名乗り続ける。だから、外面的にも内面的にも異なり、分離されている。イスラムは単なる一つの宗教ではない。それは一つの文化であり、社会面も政治面さえも包括する文明だ。キリスト教もそのようなものだった。だが、ヨーロッパ人の大部分は、信者をも含めて、人生のすべてを教会の下に服従させない権利を獲得した。イスラムはまだ若い宗教で、それだけにより要求が多く、そして理論面でいまだこうした分離がなしとげられていない。イスラムは、予言であると同時に法律である。民法典と宗教が一致するのだ。共和国の法律と彼らの宗教的規範が矛盾している場合どうすれば良いのか。多数派に譲歩しうる面と伝統への無条件的服従をどう折り合いをつけたら良いのか。どんな逸脱も裏切りに思われ、これが罪悪感を引き起こす。自分の宗教と距離を取れば、同化者は同胞も一緒に捨て去ったと思ってしまう。

異教徒間の結婚が、多数派グループに入るための一番普通の道のはずなのだが、これが破滅か競争の場となる。移民の間では、子どもに聖ペテロ、聖パウロを思い出させる、ピエールとかポールとか名づけるのは破廉恥なこととされる。せいぜいできるのは、男の子ならガイス、カリス、女の子ならナディア、ソフィアというあいまいな名をつけるくらいのことだ。一番良いのは、結婚相手が自分の宗教を捨て、イスラムに改宗することだろう。多くの家族は、結婚に同意を与える前にこれを要求し、獲得する。こうすればムスリムを一人失うことなく一人獲得することになるからだ。だがこれもまた、統合に背を向けることだ。

相互依存

では、私たちはいったいどこに行くのだろうか。〈私たち〉とはこの地球全体の住民のことだ。なぜなら、この問題は今後私たちみなにかかわっているからだ。旧支配者も旧被支配者も、さらにはこの支配・被支配の歴史に無関係だったと思っている人たちも。脱植民地人は世界の注意を集めることに成功したが、これは彼らが得た最も確かな成果の一つだろう。これまでのところ、諸国民の関係とは何よりも、それぞれ異なる軍服を着て、自らの略奪を正当化するために神の御名を口にしあう、敵対グループの絶えざる戦いだった。道徳、宗教、法律は、この共通する野蛮さを儀式化して弱めるための試みだった。十戒、神の審判、人権、戦時捕虜協定は、こうした努力の諸段階を表していた。しかし、それと同時に、十八世紀においてもなお、海上ではどこでも旅人は攫われ、身代金目当ての人質として捕らえられていた。イギリスやフランスの海賊船もバーバリ（アフリカ北西部海岸地方）の海賊船も同じように残酷だった。この状態は、奴隷制が消えていないアフリカやアジアでは、今でも続いている。ヨーロッパはやっと植民地化政策を放棄したばかりであるが、これは多くの場合、集団的形態の奴隷制だった。侵略者に抵抗する町は、ためらうことなく放火し、破壊した。第二次大戦中の行動も、これと異なってはいない。近代戦は、高尚な衣装をまといながらも、より大規模の同じ種類の強盗行為である。

だが、私たちの最近の決定的な発見は、これから私たちが今までにないような依存関係の中で生きていくということだ。これまで私たちは、互いに獲物を奪いあう以外には、相手を必要としていなかった。香料や貴金属のような稀な産物の交換は、航海とキャラバンで確保されていた。ところが今や、コミュニケーションのスピード、世界規模での競争が、世界全体の相互依存を進展させている。たしかに、グローバリゼーションは自由にまかせず、弱者が傷つけられないよう注意すべきであるが、しかしもう誰も後戻りはできない。反グローバリゼーションはまやかしだ。西欧人は、もし地球上の住民の大多数が貧困のまま羨望の念を抱いて生きるなら、自分たちも平和には生きられないことに気づいた。西欧はまさに進歩のせいで、大食いのでぶ男になってしまった。彼は甘やかされた子どものように、食べ物を粗末にし、自分の玩具を壊すまでになった。例えば老人が集中する、ありえないような恥ずべき貧困地区は別にして、この男はさながら巨大な〈地中海クラブ〉（世界の三十六か所に百以上の滞在型バカンス施設をもつ）だ。周囲の村々では飢えて食べるものに事欠いているのに、過剰な食料をごみに捨てている。

あちこち飛び火する暴力さえ、この連帯のために協力する。二〇〇一年九月十一日の悲劇は、電気ショックのような作用をした。支配者たちは、自分の安全を確保することさえもう確信がもてなくなる。何人かの仲間と世界帝国を分け合って、自分たちの利益に合った形で命令を下せた時代は過ぎ去った。脱植民地化の引き起こした激動が、すでに彼らの限界を明らかにしてしまった。彼らが自給自足体制で生きようと思っても、そんなことはもう一日だってできない。それほどまでに彼らと他の世界との経済的、政治的かかわりあいは深いのだ。だが他方で、旧被支配者側も同様に、この結びつきの外で生きることができないことを確認すべきだ。さもなければ、彼らは中世に戻ることになりかねない。西欧のもたらした技術的、科学的、医学的進歩を手放すことになりかねない。現在、世界全体の課題はこの不可逆の相互依存をできるだけ上手に組織化することだろう。もちろん、今より動乱も少なく、危険も少ない世界に生きたいとみんなが望むとしての話だ。ではどうすれば、それが可能になるか。

ヨーロッパの沈滞……

合衆国も含めた西欧の衰退が改めて話題になっている。数十年前に流行したテーマだ。西欧はそれほど調子が悪いとは見えない。それに衰退があるとしても、西欧と他の世界との差はあいかわらず大きい。人口移動は西欧に向かっており、その逆ではない。第三世界の学生たちは好んで西欧の大学に行く。西欧では経済的繁栄は続いており、他の地域ではこうした例は稀だ。たしかに、頂上と深淵はしばしば背中合わせではある。ローマ帝国が権勢の頂点にあると見えていたとき、実はすでに衰退が始まっていた。その跡を継いだコンスタンティノープルは、トルコに打ち負かされた。もっと近くでは、崩壊前夜のオーストリア゠ハンガリー帝国は不死身と思えた。世界第二の強国ソビエト連邦も崩壊した。今度はどこの番だろう。歴史の歯車は、ある国民を空高く持ち上げ、ついで暗黒の闇に突き落とす。そして、別の国民に場所を与える。ヨーロッパは、いくつかの面で沈滞に苦しみ、意気消沈している君主だと言えそうだ。そして、これは健康のしるしではない。病気の原因は遠くにある。ヨーロッパはその華々しい成功の陰で、絶えず自己破壊を続けてきた。ナポレオンの赫々たる武勲は、フランスに大量の出血をもたらした。一九一四―一八年戦争は、フランスとドイツから一世代の創造的エネルギーを奪った。一九三九―四五年戦争はさらにひどく、ヨーロッパ大陸全体に出血を強いた。その結果、ヨーロッパ大陸がいまだ悪性貧血に侵されているとしても、驚くべきことではない。その後続いた植民地紛争で、この点は明らかにされた。だから、経済を再発進させるためには、マーシャル・プランによるアメリカの救助が必要だった。大陸をむしばんでいる病は、今やはっきりしている。人口の枯渇‐移民‐混血の三幅対に要約できる。

要点をまとめてみよう。第一点、この人口上の破綻は、深刻化したとは言わないまでも、これまでずっと続いてきた。たしかに、これはヨーロッパ社会の自然な衰退の兆候かもしれない。ちょうど鯨の群れがはっきりした理由もなく、海岸に打ち上げられ、死んでいくように。あるいは、よりまともな理由としては、女性の労働と社会活動への当然の参加が、出産から遠ざけただろう。女性が労働と育児を同時にすることは物理的に不可能であり、さらにこの両立不能な仕事にかんして社会が彼女らの負担を軽くするよう何も手を尽くしてこなかったから、多くの女性は子どもを産まない道を選ぶ。その結果、医学の進歩とあいまって、人口の全体的老齢化が生じる。そのため、社会は個人の生存に必要な調整政策、例えば、年金の支払い、医療費などを保障できなくなる。また、甘やかされた若者がもはや望まない最底辺の仕事を確実に行えない。移民にすがらずにどうしてこの必要を満たせるだろう。政治家たちは、一方では企業家とその労働力需要に引きずられ、他方では選挙民と対立することをおそれ、あいまいな態度を決めこむ。だが移民の問題は簡単である。豊かで老化した国は、輸入による人口補充を必要とする。他方、貧しい国は仕事もなくそれゆえ騒ぎの元となる若者の一部を輸出する必要がある。この二重の必要性にどうやって逆らえるだろうか。

ところで、大量の移民は混血という別種の結果を生み出す。あれこれ言いながらも、私たちは混血が一般化する新しい時代に入ったのかもしれない。西欧人はすでに混血を暗黙裡に受け入れているのかもしれない。ただ、それが自分たち国民の現在の相貌にどのような社会的、政治的、文化的な結果を与えるのかは、まだよくわからない。法王庁のあるイタリアで、最近ある論争が起こった。小学校に十字架を掲げることにイスラムに改宗した者が抗議し、それをめぐって論争になった。ヨーロッパにおいて、これまでは混血の問題は消化されてきた。もしヨーロッパが、自分が固く信じ、行動の指針となるような価値体系をまだ備えているなら、混血の問題はもっとうまく消化されていたはずだ。ところが、みなの精神を支配し、行動に影響を与えた二つの大きなイデオロギー、キリスト教と共産主義は死に瀕している。おそらく大多数の人々にとって、キリスト教はもはや慣習でしかなく、せいぜいのところ文化的背景であり、その意義の深さといえばヘレニズムと同程度のことである。ジュピター、ビーナス、ヘラクレスはキリスト教聖者と同じくらいなじみがあり、よく使われる単語と言える。歴代の法王は世界全体の福音化を呼びかけ続けている。彼らには、中国、インド、イスラムがキリスト教にストップをかけたブラック・アフリカが目に入っていないかのようである。だが、法王に耳を傾ける者がいるだろうか。マルクス主義は、少なくとも共産主義者たちが行った実践の面で評判を落とした。すべての人間に対して経済的繁栄と精神的自由を約束したのに、マルクス主義がもたらしたものは飢餓と全体主義と強制収容所だった。キリスト教徒の場合と同様、マルクス主義者が今も彼ら固有の未来を信じているかどうか疑わしい。こうして、各国の共産党は崩壊し、退行的とは言わないが古風なトロツキストがユートピア的に復活する。トロツキストは、スターリン、チトー、カストロ、毛沢東、さらにはホメイニにかんして過ちを続けたあとで、革命の使命を第三世界の人民に託する。旧プロレタリアはもはやそれを望まない。食べられ、介護を受け、アパート、車、場合によっては別荘さえもってしまうと、人間はもう革命的にはならないのだ。だが、第三世界の人々は、当座のところ、社会主義ではなくナショナリズムを、啓蒙哲学ではなく宗教を選んだ。

まさしくこの空白があったから、ムスリム原理主義者はこれを埋めることができると考えた。ヨーロッパは、精神的にも、また軍事的にも自分を守れない。防衛を合衆国に委ねているし、複雑な新しい情勢を見通しうるような思想、とりわけ何らかの解決策を提案しうるような思想があいかわらず存在していないからだ。イスラム世界は、比較的若いから、まだ自分たちの価値に確信をもっている。それに対して、ヨーロッパはもはや新しい目印を与えてくれる倫理観を持ち合わせていない。年老いた人間のように懐疑的で無感動になり、口当たりの良い放任主義を説く。だが、こうした公民意識を欠く態度は、自由ではなく無秩序だ。ヨーロッパは、どの領域でもただ何とか策を弄して切り抜け、油田の枯渇と代替エネルギーの発見を待っている。だがこの時間稼ぎが、第三世界の貪欲な性急さと、殺人をも辞さない過激派の熱情を鎮めるに十分かどうかは確かでない。

要するに、卓球のゲームのようなもので、脱植民地人のチャンスは主として旧植民者の脆さのうちにある。ただし、自分の敵でもパートナーでもある相手のように下手に演じないことが必要である。

……そして脱植民地人のチャンス

この点についても、マイナス面とプラス面をまとめてみよう。第三世界は、全体においてあいかわらず圧倒的な貧困に苦しみ、腐敗と独裁の下にあり、これがまた文化の不毛、屈辱、遺恨を生み出し、これがきまって暴力の源となる。こうした総括は、今や第三世界の一部の思想家によっても認められており、彼らは「自分たちの社会は病んでいる」と勇気をもって発言している。

だが、彼らの社会に切り札が欠けているわけではない。その広大な空間に散在する巨大な富と、西欧の人口不足を一時的に解消しうる過剰な人口、さらに、これから国際舞台で無視できない彼らの外交的・軍事的存在だ。たしかに今までは、金持ちが結託して、こうした富の本来の持ち主の発展にしばしばブレーキをかけてきた。抑えられない人口増加は、西欧に圧力をかける力となっているが、低開発国にとってもやはり重荷となりつつある。諸国際機関は、真の国際法を作り、その実施のための適切な制度を整え、法を有効にするのに必要な違反者への制裁措置を講じるべきであった。ところがそれらの機関は、たちまちのうちに、利害対立、怪しげな連合、力関係の支配する閉ざされた場となってしまった。

しかしながら、この袋小路からの脱出を可能にするような発展モデルを求めなかったと、第三世界を責めることはできない。このモデルには、変種・混合体を含めて、大まかに言って二つあった。経済的自由主義とマルクス主義的社会主義である。ところが現在までのところ、この二つとも期待はずれだった。

経済的自由主義は、消費財の増大と、その消費財を、政治的民主主義によって保証された交換の自由によって、最大多数に配分することを目的とする。もしこれが現に実現されているのなら、この計画に賛成しないわけにはいかないだろう。だが、これには当事者たちの相対的平等という前提が要る。国家内部においても国家間においても、実態はこれと遠くかけ離れている。いろいろと実質的な進歩があったにもかかわらず、貧困は第三世界の大部分の国に害毒を流し続けている。経済的自由主義を選んだ国々は、それほど顕著な発展を示してはおらず、時には逆の場合さえある。国際的経済関係においてはジャングルの掟が支配し、第三世界の土器は、資本主義貿易の鉄器にかならず壊されてしまう。自由は強者にかならず有利に働くが、第三世界はこの自由に対して無力なのだ。

共産主義あるいはそれに近い実験を試みた国々もまた、やはり繁栄からは遠かった。共産主義社会の最も幸福な代表者と思われたベトナムもどうにかやっているにすぎない。北朝鮮は貧困にあえいでいるのに対して、資本主義社会の韓国は繁栄を味わっている。マルクス主義ＡＮＣ〔アフリカ民族会議〕が政府に参加している南アフリカ共和国を除き、アフリカあるいはアジアのいかなる共産党も、ソ連の傘の外では、権力を長く維持できなかった。共産主義と伝統的社会構造との競争が、封建勢力の抵抗に後押しされた後者の勝利でかならず終わったことに、何の不思議もない。

第三世界の指導者たちがこの二つの解決策以外の道を求めたと言って、非難するわけにもいかない。おまけに、二つとも特殊西欧的であると思われたのだ。ヨーロッパは、表向きは別として、あいかわらずキリスト教的であることを願っていた。マルクス主義もまた、独断的で排他的な新宗教に変質してしまった。しかもそこには、人々を安心させる典礼、神秘的希望のような、宗教が通例もつはずの魅惑が欠けていた。それなら、どうせ宗教なら、自分たちの宗教に戻るにこしたことはない。何はともあれ、これこそ自分の血肉となっているのだから。ラテン・アメリカにおける〈解放神学〉としてのキリスト教再生運動は、字義どおり福音書に立ち戻る運動であり、まるで、この神聖なるテキストを介して、神が革命家を導くかのようだ。ムスリム・アラブ世界では、原理主義は、原始の純粋な伝統に回帰することによって、あらゆる問題を解決しようとする神学的、政治的試みである。だが回帰という考え自体がこれらの試みの弱さを浮き彫りにしている。私たちはどこにも回帰することはありえない。原理主義は意味なく退行的であり、全体主義的で抑圧的だ。自由主義者やマルクス主義者には、自分たちの利害のために方向がずれているとはいえ、普遍主義的な願いがある。ところが、原理主義は、自由主義者やマルクス主義者が獲得した権利にさえ背を向ける。その獲得物とは、少なくとも目標としては中立的な教育制度の普及であり、個人の向上であり、思想の自由、経済の重視、社会活動への女性参加である。エジプトの〈ムスリム同胞団〉やイランのホメイニ主義者、またパレスチナのハマスが掲げる合言葉「すべてはコーランにあり」は、原理主義の願いとその限界を要約している。多くの注解がついているとしても、何世紀も前に書かれたテキストに、すべてがあるはずはありえない。同じことは、福音書やトーラについても言える。だが原理主義者によれば、いくつかの普遍的原則以外の諸問題にかんしても、〈神の法〉に、つまり、聖職者の教えにひたすら従わなければならない。だが、彼らが現代の諸問題に特に精通しているわけではない。神は永遠不変に正しいのだから、脆く移ろう人間の法に助けを求めてはならない。原理主義はこう主張することによって、現在の状況に適切な問題解決の探求から目をそらせてしまう。初代アルジェリア共和国大統領ベン・ベラは、「私は民族主義者である前にムスリムだ」と公言した。これは、国家に固有の諸問題、特に経済問題を軽視することであり、国にとってさらなる破綻をもたらした。イスラムの伝統的諸価値に戻る方が経済的発展より重要だという見方だ。こうして、善意の慈善行為を除けば、原理主義は結局、地主や富裕層の諸特権を許容することになる。

原理主義は、うまく他の二つのモデルの代わりになるどころか、イスラム世界および世界全体に今日突きつけられている膨大な諸問題の解決には、さらに一層対応できない。イスラムへの回帰は、かえって全体主義世界に閉じこもることになる。原理主義は、狂信主義がみなそうであるように、おのれの全存在を賭けて外部の世界と対立する。外部は全体が敵意に満ち、汚染されているとみなすから、宗教的熱意のない者たちを敵に仕立ててでも、仲間たちをそこから守らねばならない。原理主義は欲望を充足させることができないから、厳格となり、みなに厳格さを要求する。そして、説得ができないから、強制することになる。個人生活、集団生活のあらゆる面を支配し、人々をその意識の内面にまで追い詰める。だから、あれほどうるさく性の問題に首を突っ込むのだ。全世界から異端を排除するために、必要ならば、全世界の再征服を考えることも辞さない。すべてがコーランの中にあると言うことは、その外には何もないことを意味する。コーランに従わない者は誰であれ、人間からはみ出しているので、どんな暴力を振るわれても当然なのだ。たしかに、これは宗教というものがしばしば取ってきた立場だし、キリスト教も宗教問題と政治問題の賢明な分離にいたるまではそうだった。そして、その分離の結果としてヨーロッパの決定的な民主化が生まれ、批判的自由、科学と技術の飛躍の条件である進取の精神が生まれた。要するに、原理主義は、外部においても内部においても、たえざる戦争へと導かれるのだ。

もう一つの世界へ？

こうした状況の下でも、私たちは今よりうまく共に暮らせるような、違う世界の到来を期待できるのだろうか。どのようにして、またどんな価を払えば、それが可能になるのか。ここで私たちは現状確認の次元を離れて、願望の次元に入る。私は別のところで〔拙著『植民地人の肖像』参照〕この区別の必要性について十分主張したので、もう繰り返さない。ただ、これから述べるのは、確実な事実よりも仮定に属するとだけ言っておきたい。

まずもう一度、次の明白な事実を強調しておこう。貧困を嘆くだけではもはや十分ではない。貧困との戦いには一刻の猶予もない。貧困を真剣に考えない者は、この世界的な討論への真剣な参加者とは言えない。たしかに、貧困が問題のすべてではない。この点は脱植民地化においてすでに見たとおりである。脱植民地化の場合には、しばしば、国民としての権利回復要求が何よりもまさっていた。テロリストは、指導者も実行者も、裕福な階級の出であることが多い。だが、極度の窮乏こそ大量の予備軍を供給する。彼らはだまされやすく、制御不能で、どんな危険をも冒す用意がある。女がいない大勢の男たちは、パンと愛の二重の欠乏に陥っており、ヒステリックにならざるをえない。ひょっとしたら、いつの日か、およそ栄養失調に苦しむ人など誰もいない社会の建設が可能になるのかもしれない。西欧においては、過度の消費と発展のもたらす弊害を嘆くのが上品とされている。だが、これは金持ちの言葉であり、彼らは過剰な消費を非難するが、その恩恵を受けているのは彼らだけにすぎない。各部屋にテレビを備えつけ、毎年車を買い換える必要はない。しかし、世界全体の現状は、それどころではない。命をつなぐ食糧や基礎的医薬品にさえ事欠いている。その上、貧困というのは相対的なものだ。日頃豪奢な生活を横に見ていれば、羨望と怒りが生まれる。たしかに、世界的に見れば何らかの規制が必要かもしれない。しかし、工業化や科学的農業は大量生産を可能にする唯一の道であり、これを非難することは、貧困な人々をその貧窮状態にうち捨て、文明を放棄することに等しい。

しかしながら、第三世界がどうして発展しないのか、またその発展がどうしてこうも遅いのかを説明しなければ、すべてを述べたことにはならない。貧困を解消するための二つの主要な手段は、発展および腐敗との戦いだ。発展だけでは十分ではない。カンクン（メキシコ、カリブ海の保養地）の会議（二〇〇三年、第五回世界貿易機関閣僚会議）は結局失敗に終わったが、その際、国家間、特に富める国と貧しい国との競争の過酷さが批判の的になった。これは当然のことだ。けれども、いたるところで猛威を振るっている腐敗については一言もなかった。それは、それらの国家を代表している指導者たちを告発する必要があったからだ。彼らは自分自身を告発しただろうか。しかしながら、腐敗は第三世界の停滞の主要な原因の一つである。腐敗は、どんな努力をも不毛なものとし、努力の結果を無にしてしまう。発展が腐敗に好都合な以上に、腐敗は発展にブレーキをかける。腐敗こそが、この国で得られた資金が国内に再投資されるのを妨げ、外国にある税制上の楽園や、金持ちが西欧諸国の首都にもつ不動産資産をさらに豊かにする。ロンドンのいくつもの通り全体が、名義人を介して第三世界の投資家たちの手に落ちているらしい。国境、大陸を越えて、特権階級の間には客観的な共犯関係が存在している。自分たちが大儲けをしている状況をどうして彼らが変える気になるだろう。例えば、政界と石油業界のひそかな共犯関係を暴き出す必要がある。マネーロンダリングはマフィアだけを利しているわけではない。銀行はどれだけの利益をこの手を使って上げているだろう。〈民主主義のチャンピオン〉合衆国、旧〈労働者の祖国〉ロシア、〈人権の伝道師〉フランスは、この順番で、滋養に富むマナの代わりに、武器を世界に提供する先頭の三か国であり、この武器が死をまきちらし、暴政に力を貸すのに役立つことになる。このきわめて不正な秩序をひっくり返すのでなければ、美辞麗句で飾られた意図など、偽善でしかない。一方、第三世界の指導者たちは武器の購入には巨額の金を使いながら、食糧や医薬品を恵んでもらおうとする、これをどう考えたらいいのか。今日の国際的、さらには国内的諸問題の処理のされ方を見る限り、どうしてモラルなど口にすることができるだろうか。

最後に、本質的な問題を取り上げなければならない。何にもまして重要なのは、脱植民地化のときにそうしたように、民衆が自分で自分の責任を引き受けることだ。民衆は自分たちの富を取り戻すべきである。そのためにはまず、ライス（エジプト、リビアなどの国家元首）やカウディーヨ（南米の軍人独裁者。スペインのフランコ総統を指すことが多い）を排除することから始めねばならない。彼らはクーデターを支持し、内外の富者の共犯者なのだ。またフィデル・カストロの滑稽な称号ともなっているリーデル・マクシモ〔最高指導者〕、年老いたブルギバの誇大妄想的な称号でもあるコンバッタン・シュプレーム〔最高の軍人〕、こうした連中を排除しなければならないし、また政治屋となったイマームや、民衆の不満を鎮める欺瞞的な神話を排除しなければならない。この神話が経済の退行と言わないまでも、停滞を持続させるのだ。こうして自由が取り戻されて初めて、個々の国の状況に従って、また各状況に応じて、自由主義経済と計画経済の必要な割合をうまく組み合わせて実行することができる。

　その外のすべて、すなわち〈援助〉、〈協調〉、〈債務の帳消し〉等々は、仮に下心のないものだとしても、幻想であるか、あるいは不確かなものだ（下心がないはずはない）。最近〈ひも付き援助〉という形が編み出されたが、この表現は厚かましさを隠しもせず、「私たちの製品の購入に使われるのならお金をお貸ししますよ」と示唆している。つまり、金は自分の懐に戻るわけである。〈協調〉ということばも近頃よく耳にするが、これは両パートナーがほぼ等しい力をもっていない限り意味はなく、当面の問題には当てはまらない。等しくない限り、つねに強者が自分の物の見方と利害を押し付ける。〈債務の帳消し〉は、表面上いかに気前よく見えても、問題を先送りすることにしかならない。どうやっても、貧者が新たに借金をし、富者に依存し続ける以外にないのだ。利益が誘惑となって貸し主は軽率となり、一方、借り主の方は無責任で、自分が返却できないことを知っていて借りる。〈分配〉という昔からの考え方が最近また取り上げられるようになった。これは慈善の別名に他ならず、慈善はかつて何かを解決したためしがなく、逆に不平等を長続きさせるだけである。支配者、かつての旧支配者の救いを待つことは、女性が自分たちの解放を男性の善意に待つのと同じくらい幻想的なことである。国際的援助は偽装された物乞いであり、物乞いは貧困を消滅させはしない。むしろ、無責任を助長する。補助金というものは、国際的連帯の効果をすっかり破壊してしまう。

原理主義者は屈辱を受け、解決の道がこのように閉ざされていることに憤慨し、暴力による対決、すなわち戦争の道を選んだ。だが、この戦争に勝ち目はまったくない。ただし勝てなくても、平和を台なしにすることはできるかもしれない。だが、これはとてつもなく無思慮な人間のすることであり、自分たちが守ってやると言っている人たちの世界を住めないものにしてしまう。今やアラブ世界は、諸国間の協調のうちに正しい場を見出すべき時に来ている。アラブ世界には金があり、人があり、他のイスラム諸国は親切で、世界の世論も思いやりがある。それなのになぜ、もう何も得るところのない絶えざる抗争に精根を使い果たすのか。原理主義者の策謀は、その狂信主義に加えて、この点においても破滅的であり、アラブ民衆の利害そのものに反する。原理主義者は、暴力によって、国民間の溝を拡大しようとする。おそらく、物言わぬ多数派はあまり混乱のない形での統合を望んでいる。しかし、もし多数派が抑えを効かせなければ、歴史を動かすのはしばしば少数派である。ムスリム・アラブの多数派は、原理主義者の策謀に対して圧力となるだろうか。もし原理主義者が勝利すれば、私たちはみな歴史の暗黒にまた陥ることになると、多数派は納得するにいたるだろうか。原理主義者の二重の計画は今や明らかだ。まず現在のアラブ諸国の体制を一つずつ破壊していくこと、そして同時に、西欧に休みなく攻撃を加え、最後にムスリム・アラブ世界と西欧の全面対決に持ち込むことだ。原理主義者の相対的成功は、一つの悪循環を組み立てたことにある。西欧人に恐怖を与えれば、アラブ人全体への不信が生まれる。この不信が西欧全体への恨みを醸成する。ムスリム・アラブの多数派はこのジレンマを克服しうるだろうか。いずれにせよ、彼らは西欧との共生を願いながら、同時に、西欧の破壊を欲する者に対して寛容でいることはできない。あらゆる移民にとって望ましい正常な未来とは、普通の一市民に変貌をとげることであるが、それには受け入れ国の敵とは映らないという条件がいる。

人間というものが、理性的とは言わぬまでも、分別のある存在ならば、みな一緒に生きる運命にある以上、おたがいを区別し、対立させる部分よりも、おたがいを近づける部分、言い換えれば共通分母を求める方が得なことがわかるはずだ。今この場で、この共通分母を総ざらいして並べ、その実践的なあり方を詳しく述べることはしない。そういうことは政治家たちにある程度まかすべきだろう。それに、整理された記述をとりわけ心がけるこの本の意図とも異なる。しかし、すでに十分示唆したように、資源をより公平に配分し、より良く管理することによって極端な貧困を根絶することから、まず始めなければならない。資源はみんなのものであり、特定の誰のものでもない。天然エネルギーも同じことである。このためには、腐敗と独裁の壊滅が前提となる。まさにこうしてこそ、普遍的なモラルが高められる。このモラルは必然的に政教分離を含む。なぜなら、政教分離なしには、またもや離反と戦争の世界となる。政教分離とは宗教的慣習の禁止ではない。そんなことをすれば、また別の圧制となる。政教分離とは、教会の干渉やあらゆる狂信主義の要求に対抗し、不可知論者も含むあらゆる人たちの思想の自由を守るための制度上の協定である。このためには、宗教的帰属と社会的帰属、宗教と文化、文化としてのイスラムと人口統計上のイスラムの混同に終止符を打たねばならない。アラブ人はかならずしもイスラムの信徒ではない。ユダヤ人がかならずシナゴーグに通うわけではなく、フランス人がみな地元の教会の忠実な信徒であるわけもない。こうした区別を示す新しい用語を考え出す必要があるのかもしれない。政教分離は真の普遍主義の第一条件である。この普遍主義は、種々の特異性を狩り出すのではなく、それらを超越するものであり、また真の国際法でもある。国際法は今でもしばしばいかさまだが、この本物の国際法は、地方の慣習的伝統を無視することなく、しかしみなに否応なく課せられ、その適用に当たっては、制裁と強制が必要だろう。そうでなければ、これはむなしい形式主義に終わる。この計画を実現するのに最後に必要なのは、私たちの連帯にみんなが確信をもつことだ。日々新たに作られるこの世界においては、もう誰一人単独行動はできない。連帯は単に哲学的・倫理的概念ではなく、それなしには永遠の動乱のうちに生きねばならなくなる、実践的必要性なのだ。そして最後に、情念の激発や偏見による愚行に反抗し、可能な限り、合理性の示唆するところに従わねばならない。合理性こそ、あらゆる手段の基盤となる条件であり、科学や芸術、さらには共通のモラルを生み出す母である。そして、そのための唯一の解決策は、真の国際的機関の設立であり、派閥的な権限機構とはもうけりをつけることだ。

では、西欧文明は本当に終わりを告げるのだろうか。おそらく逆で、その真の普遍化の時代となるだろう。なぜなら、西欧の最良の部分は必然的に人類の共通財産に組みこまれるからだ。第三世界は、西欧から来たからという理由でそれを拒否すべきではない。代数学がアラビア人によってもたらされたからと言って、拒否すべきだろうか。印刷術が中国人によって発明されたからと言って拒否すべきであろうか。人類共通の決定的な獲得物というものがある、そこに期待をかけたい。集団の過度の影響力に対する個人の地位向上、自由の果実である個人の自発性、この二つから生まれる進歩、可能な限り広い分野での集団間の関係改善、女性の機会均等、少数派の尊重、義務教育の普及、医療制度の拡充、犯罪と刑罰の均衡（泥棒が両手を切られたり、不貞を働いた女性がリンチや投石にあったりすることは、もう誰も許さないだろう）などが、その例だ。そして本書では、ムスリム・アラブの脱植民地人がテーマになっているのだから、ムスリム・アラブ人は、原理主義者とは正反対の立場で、西欧が今や彼らの一部をなしていることを確認し、承認しなければならない。同様に、西欧はムスリムが今や自分たちの一部をなしているのを認めるべきだ。ニューヨーク市長にユダヤ人がいるように、いずれの日か、ムスリムのパリ市長が生まれるだろうし、そしてアラブの国にユダヤ人市長が誕生しないとは言えないだろう。

このユートピアに向かって前進するためには、ムスリム・アラブ人を一まとめ、非ムスリムを一まとめにして、真っ二つに分けるのではなく、どちらの側にもいる自由な精神の持ち主が連携して、教条主義者とその狂信に対抗するようにしなければならない。神の信奉者は、まるで悪魔に憑かれたようになりがちなのだ。この二種類の人間の間で、私たち共通の救いがかかった闘いを、地球規模で進めるべきだろう。

以上すべては、最初述べたように、願望の次元の問題である。近い将来、一方がその恨みを和らげ、他方がその貪欲さを和らげるだろうと願うことは、少し単純すぎるかもしれない。動物園に猿を見に行くように万国博に土着民を見に行き、『トラバーハ・ラ・ムヘール〔女は働くよ〕』（植民地でフランス兵が現地女性をからかって歌った唄）と歌われ、そして、女はみんなファトマ、男はムハンマドと名づけられていた時代はまだそう昔のことではない。黒人が奴隷制を忘れ、ユダヤ人がショアー（破局を意味するヘブライ語。クロード・ランズマンによるポーランドにおけるユダヤ人虐殺の記録映画『ショアー』が有名）を忘れるには早すぎる。また昨日の強者が、今後は、自分の生産するものも含めて、富をみんなに配分しなければならないことを本当に理解したか、怪しいものだ。人間はすべての肉食動物同様、手にしている肉切れは大事に守る。だが、ムスリムに対しては、永遠に恨みを抱いては生きていけないこと、特に祖国の外で生きる場合はそうであることを、また非ムスリムに対しては、飢えた者、辱めを受けた者の動揺を長く抑えつけてはおけないことを繰り返し言わねばならない。あるいは、人間という存在はある種の明白な物事について耳が聞こえず、目が見えないのかもしれない。歴史は私たちの手から遠く離れており、だから、より良い方向に向かうことを念じながら、時の流れに委ねる他ないのかもしれない。しかし、どんなに小さなことであれ、私たちの共通の運命に働きかけることができるなら、ほんの少しでも参加できるなら、それを試みないのは許されないことだろう。

パリ、二〇〇三年

あとがき

まったく人間というものは、出来事と同様、実に予見しがたいものだ。私は旧植民地人、特にムスリム・アラブ人の側から何か感情的な反発があるのではないかと予測していた。だが、旧植民地人読者およびその子孫はどうやら不快感も示さず、私の試みに驚きさえしなかった。逆に彼らは待っていたかのようだった。彼らの一人のテレビジャーナリストは「こうした本が必要だったのです。あなたはそれをなさった」とはっきり言ってくれた。強烈な主張で知られている、あるラジオ局を除けば、みな私を寛大に受け入れ、丁寧に耳を貸してくれた。ラジオ・ブール、ベルベルのチャンネルであるBRTV、TV6、RFOがかなりの放送時間を私に割いてくれた。週刊誌『ジュヌ・アフリック』は一ページ全体を、『アフリック・アジー』は長文の書評を出してくれた……。私が大半の知識人たちの共犯とは言わないまでも、沈黙を告発したことに感動した人たちもいて、彼らは私に、いくつかの世俗の組織がすでに勇気ある試みをしていることを教えてくれた。私はそれを嬉しく思い、忘れないようにしたし、そうした試みがこれから増えていけば良いと願っている。

いや、奇妙なことに、今回もまた、私の心配は旧植民者の側からやってきた。それをまったく予想していなかったと言えば嘘になる。だから、予想を確認したにすぎないのだが、それでもやはり苦い思いを味わった。いくつかの情けない変節については触れない。本が出て一週間後、ラジオ・リベルテールへの出演依頼を受け取った。前夜になってふたたび電話が鳴って、放送は中止ということだった。なぜか。「あなたは聴取者が我慢できないことを述べているのです」「そうかもしれませんが、私に説明させてください」。駄目、絶対に駄目だった。

『リベラシオン〔解放〕』紙が若い記者をよこし、午後ずっと私に話をさせた。だが、その後、何の音沙汰もなかった。私は編集長に一筆書いた。彼は返事を出す労さえ取らなかった。彼もまた、この日刊紙の立派な名前に栄誉を与える自信がなかったのだろう。

私が何を言い、何をしたか。統計、事件、人物について重大な誤りを犯しただろうか。そんなことはない。『植民地人の肖像』の場合と同様、私は最も確実な資料に拠った。だから、みなの気に障ったのは私の解釈だと思わざるをえなかった。私が主張したのは、第三世界の人々の今日の不幸の原因は以前の植民者の変わらざる活動、その新植民地主義にだけあるのではなく、むしろ主として新指導者たちにあるということだった。そして、私は彼らの腐敗と圧制を告発したのだ。こうした腐敗と圧制のために、富める国々においてさえ、逆説的な貧困が維持され、風俗習慣は停滞し、大量の移民が生まれる。

この解釈が許しがたいと思われたに違いない。指導者を告発することで、私がその国民を侮辱したかのように受け取られたようだ。だが、話はまったく逆である。なぜなら、指導者たちの怠慢を明らかにすれば、人々が目を覚ますのに役立つと、私は逆に信じているからだ。だから、私はイスラエル・パレスチナ紛争にちょうど四ページも割いた。ああ、この紛争は何といつまでも便利に使えることか。私はそのページでパレスチナ人の置かれている状況を嘆き、彼らの国家の建設を心から願った。私は三十年来そう主張しているが、アラブ諸国を含めて、誰もそれを望んではこなかった（『ユダヤ人とアラブ人』

ガリマール社、一九六七年参照）。だが、四千人の死者を出したこの問題がなぜ特別に大きく取り扱われるのかを、私は考えた。四千人の死者は、たしかにあらゆる死者と同じように痛ましい。だが例えば、黒人大陸の幾百万人にものぼる死者とは比べようもない。このあとがきを書いている今、ダルフールの虐殺で三万人の死者と百万人の難民が出た。私が示唆したように、暴君たちは、このイスラエル・パレスチナ紛争を一つの有効なアリバイに使って、自分たちが手を下さず、国民も動けないようにしているのだ。

ジャーナリズムがこの本の紹介を渋ったわけではない。むしろ逆だった。みなが知ってはいるが、あまり話したがらないことを、私がはっきり表現し、明るみに出したことは、ジャーナリズムはよくわかっていた。だが、ここで彼らは策を弄した。本の出版は歓迎したが内容は明らかにしなかった。例外はジャン・ダニエルで、彼は自分の受け持つ論説で私の記述の正確さを確認してくれた。ただジャーナリズム一般は、本ではなく著者のことを語る方を選んだ。結局、本の話を唯一まともにしたのは……私だ。つまり、インタビューの機会を鷹揚にも与えられたからだ。特に、『エクスプレス』誌の慧眼で大胆なマカリアンとのインタビューでは、西欧社会の現在の主要な逆説について力説することができた。西欧の文化的、技術的さらには政治的諸価値、つまり、民主主義、女性の地位、少なくとも相対的な政教分離が、世界いたるところで正当に認められている今日において、西欧は最も激しい抗議を受けている。『ルモンド』も、カトリーヌ・シモンの思慮深い筆で一ページ全体を割いてくれ、この点で感謝にたえないのだが、私の人生の歩みの特徴的な点に力点を置いていた。この本自身について、この本で確認されていること、私の解釈については数行で済ませている。第二世代、移民の息子たちにかんして私は明確な描写をしたが、この点については一言もなかった。また、移民が同化する際のためらい、彼らの同化を受け入れる国のためらい、この二重のためらいについても何もなかった。まるで私一人に責任を取らせ（もちろん私は責任を取る）、できたら読者にもっと直接知ってほしいと私の願ったことがらについては、知られたくないかのようだ。

だが、著者としてのこの失望にもかかわらず、このぎこちない沈黙は、逆に、私の論じた問題の正しさを示唆していると自分に言い聞かせて、私は気を取り直している。つまり、あまりにも多くの知識人が、まったく新しい状況を直視する勇気がなく、古臭い図式の中に逃げこみ、頑迷、臆病とは言わないまでも、無責任な態度に終始している。政治家たちもまた無能力、ただことばを飾るだけで、今、世界が陥っている不可逆で、危険きわまりない大混乱を直視していない。

パリ、二〇〇四年十二月

訳者あとがき

本書は、Albert Memmi: *Portrait du décolonisé—arabo-musulman et de quelques autres*, Gallimard 2004（あとがき付き改訂版）の全訳である。

著者アルベール・メンミは、一九二〇年、フランスの保護領であったチュニジアのチュニスに、貧しいユダヤ人馬具職人の父とベルベル人の母の子として生まれた。貧しい環境に屈せず、奨学金を得て、アルジェ大学、パリ大学で哲学を学んだ。パリ第十大学で社会心理学を講じるかたわら、多くの小説・評論を発表した。そのうち、邦訳されているものとして、*La statue du sel*（1953）（『塩の柱』前田総助訳、草思社）、*Portrait du colonisé, précédé du Portrait du colonisateur*（1957）（『植民地——その心理的風土』渡辺淳訳、三一書房）、*Portrait d'un juif*（1962）（『あるユダヤ人の肖像』菊地・白井訳、法政大学出版局）、*La libération du juif*（1966）（『イスラエルの神話』菊地・白井・宇田訳、新評論）、*L'homme dominé*（1968）（『差別の構造』白井・菊地訳、合同出版）、*Le racisme*（1982）（『人種差別』菊地・白井訳、法政大学出版局）がある。

彼の作品の底にはつねに、植民地社会における現地人、アラブ社会におけるユダヤ人、ヨーロッパ社会におけるマグレブ人という、三重に屈折した少数派、被抑圧者としての自己の厳しい体験がある。その個人的体験から出発して、現代社会の差別と抑圧という問題の本質に迫る試みが、これらの作品には表現されている。

一九五七年、著者は『植民地——その心理的風土』（原題『植民地人の肖像、付・植民者の肖像』を発表して、植民地の下で生きる人々の現実を正確に描いた。当時、アルジェリア戦争の最中にあったFLN（民族解放戦線）の間でも、この本は読まれたと言う。彼自身はもちろん、民族独立を支持する側にいた。

そして五〇年後、メンミは本書『脱植民地国家の現在』（原題『脱植民地人の肖像』）を書いた。長い苦しみの果てにやっと独立を勝ち得た旧植民地はその後どのように変わったか。「序にかえて」にあるように、彼は植民地人のその後の姿を描くのを、〈もう少し時間にチャンスを与えるべく〉先延ばししていたが、残念ながら、その間に状況は少しも良くならぬばかりか、むしろさらに厳しい方向に向かう。しかも、その現実を冷静に見据えて検討する作業に、脱植民地人のエリートは手を付けようとしない。メンミは、脱植民地化のあとに生きる人々について〈事実の確認〉を行うことを自分の義務と考え、この肖像を描き、われわれに差し出したように思われる。植民地からの解放は、新しい出発であって、到着地点ではない。確認された事実の先はまだよく見えないとはいえ、この事実と正面から向き合うことなしには、何事も始まらない。

本書の前半では、〈自国にとどまり独立国家の新市民となった脱植民地人〉、後半では、〈旧本国で生きることを選んだ移民〉とその二世の顔が描かれる。独立国家は、新しい市民を誕生させたが、彼らの生活は保障されるどころか、支配層の専制と腐敗が彼らを一層悲惨な状況に陥れる。著者は、怠慢を続ける新生国家の政治指導者と沈黙を守る知識人に対して容赦ない批判を浴びせる。一方、そのような自国での生活に我慢できず、国を離れ、かつての植民地本国フランスに向かう人々の波が続く。そこでは、脱植民地人と旧本国人との新たな関係が生じる。移民が同化・統合をめぐってさまざまな試練をくぐり抜け、曲がりなりにも定着を果たすと、次に、親の祖国にも自分の生まれた国にもなじめない移民二世の問題が深刻化していく。

メンミは、『植民地――その心理的風土』において、単に公式的な植民者・植民地人の支配・隷属関係にとどまらない、両者の心理的依存関係にまで踏み込んで、客観的な肖像を描いた。本書においても同様に、脱植民地人の内面にまで分け入って、彼らの生活と行動を理解しようと努めていることが、よくうかがえる。そして、これからの西欧社会にとっての最大の問題として、移民と移民二世の存在がある。今やフランスのみならず、英国、ドイツ、オランダなど、ヨーロッパ各国の国の根底をゆるがす難問に対応するには、いやでもイスラムと向き合わざるを得ない。

ただ訳者の感想を一言述べるなら、メンミの今度の肖像は、移民の内部におけるイスラムの要素への内在的理解がやや足りないように思われる。これは、彼がイスラムは近代化すべきであると考えていることの現れであり、この点で、彼は啓蒙思想をしっかりと受け継いでいると言える。

啓蒙思想の国フランスは、フランス革命以来、一九〇五年の政教分離法の成立まで、教会権力との一〇〇年以上にわたる激しい闘いを経て、共和制の核とも言うべき政教分離の原則を確立した。小学校の教室から十字架を外すのに警官を動員することまでした。その伝統を守るために、スカーフをかぶったムスリム女生徒を学校に入れないという、フランス政府の公の立場をメンミも支持する（「スカーフか混血か」一〇一〜一〇五頁）。しかし、スカーフを批判する彼の議論は少し短絡的すぎるのではないか。

フランスに住み、フランスの教育を受けたムスリム女性の中には、スカーフ着用の強制を女性差別と感じ、スカーフ禁止を支持する者もいれば、髪を露出するのを嫌い、自分の意志でスカーフをかぶる者、また、フランスで学んだ自由と平等の精神の表現として積極的にかぶる者もいる（内藤正典『ヨーロッパとイスラム――共生は可能か』岩波新書による）。また、女性を差別し、拘束するイスラムを、メンミは度々批判している。彼が指摘する事実は、その通りであろうが、それは彼がチュニジアとフランスで体験した現実に基づいているはずだ。例えば、エジプトの医者・作家、ナワル・エル・サーダヴィは、自分も被害者であったクリトリス切除の風習は、イスラムではなく、土着の伝統に基づくと述べ（『イヴの隠れた顔』）、イスラムにその咎を負わせることに反対している。世界に一〇億以上いるムスリム社会で、特に自分が差別されていると意識せずに暮らしている女性の方が多いだろう。

現在の自分の利益を維持するために、ひたすら過去にしがみつこうとするムスリム・アラブの支配層に対するメンミの批判は手厳しい。また、パレスチナが彼らにとって「まことに好都合な紛争」（三一〜三八頁）であり、彼らはパレスチナ人を助けるのではなく、自分たちを守りたいだけだから、紛争を解決する気はないというのも、その通りだろう。これまで自分の出自と体験から、ユダヤ問題の大作を著してきたメンミの気持ちの根底には、イスラエル国家は、ヨーロッパが自分の罪を中東に押しつけただけでなく、中東のユダヤ人にとっても唯一の救済の道だったという判断がある。アラブ圏でのユダヤ人ポグロム（集団虐殺）の犠牲者は、ホロコースト以前のロシア、ポーランドなど東欧のポグロムの犠牲者を上回ると言う。だから、多少の混乱はあっても、パレスチナの地を住み分けて、二つの国を作るのが良いと彼は考え、*Juif et Arabes*（1974）などで、そのことを説き続けてきた。しかし、一九六七年、六日間戦争の勝利以降、建国時の理想主義を捨てて、膨張へ向かって走り出し、今やほぼ完全な軍事国家となったイスラエルの現状では、彼の願いの実現は遠のく一方である。メンミの立場は辛い。ただ、亡くなるまで、イスラエルを変えるには、その資金を支え、武器を与えるアメリカの世論を変えなければと言い続けたサイードを、なぜメンミが積極的に支持しなかったのか、いぶかしい思いを拭えない（本書で一度だけ、例外的に批判の声を上げるアラブ知識人としてサイードの名が出る、四〇頁）。

本書で繰り返し、ムスリム原理主義によるカミカゼ、自爆テロに言及されているが、過激な行動は、イスラムの歴史における一時的な現象に過ぎない。大多数のムスリムにとっては無縁というか、迷惑千万なことだろう。問題は、このあと長期的に日本を含めた先進国はイスラムとどう対応するのか、短兵急ではない態度を迫られることになる。

今回も、訳者たちの共通の友人フランシス・デュプレ氏に大変お世話になった（そしていちいち名前は挙げないが幾人かの友人のお知恵も拝借した）。

また、これまで度々ご面倒をおかけした法政大学出版局編集部の藤田信行氏には、定年退職間近の最後の仕事に、この翻訳出版をお引き受けいただき、厚く御礼申し上げる。

菊地昌実

二〇〇七年三月

りぶらりあ選書

脱植民地国家の現在
ムスリム・アラブ圏を中心に

発行　2007年5月25日　　初版第1刷

著者　アルベール・メンミ
訳者　菊地昌実／白井成雄
発行所　財団法人　法政大学出版局
〒102-0073 東京都千代田区九段北3-2-7
電話03(5214)5540／振替00160-6-95814
製版，印刷／三和印刷
鈴木製本所

ISBN 978-4-588-02231-9
Printed in Japan

著者

アルベール・メンミ（Albert Memmi）
現代フランスの作家，評論家．1920年フランスの保護領であったチュニジアのチュニスで，ユダヤ人の父親とベルベル人の母親の家庭に生まれる．アルジェ大学，パリ大学で哲学を学ぶ．パリ第十大学で社会心理学を講じ現在は同大学名誉教授．邦訳書に『あるユダヤ人の肖像』（法政大学出版局），『人種差別』（同），『塩の柱』（草思社），『植民地——その心理的風土』（三一書房），『イスラエルの神話』（新評論），『差別の構造』（合同出版），などがある．

訳者

菊地昌実（きくち まさみ）
1938年生まれ．東京大学大学院で比較文学を専攻．現在，北海道大学名誉教授．訳書に，メンミ『あるユダヤ人の肖像』，『イスラエルの神話』，『人種差別』．モラン『祖国地球』（法政大学出版局），ダニエル『神は狂信的か』（同），フェリー『神に代わる人間』（同），グロ『フーコーと狂気』（同），リカール＆トゥアン『掌の中の無限——チベット仏教と現代科学が出会う時』（新評論），など．

白井成雄（しらい しげお）
1933年生まれ．東京大学大学院で仏文学・思想を専攻．現在，名古屋大学名誉教授．訳書に，メンミ『あるユダヤ人の肖像』，『イスラエルの神話』，『人種差別』．アラン『裁かれた戦争』（小沢書店），モディアノ『1941年．パリの尋ね人』（作品社），アスリーヌ『密告』（同），など．

魔女と魔女裁判〈集団妄想の歴史〉	K.バッシュビッツ／川端，坂井訳	¥3800
科学論〈その哲学的諸問題〉	カール・マルクス大学哲学研究集団／岩崎允胤訳	¥2500
先史時代の社会	クラーク，ピゴット／田辺，梅原訳	¥1500
人類の起原	レシェトフ／金光不二夫訳	¥3000
非政治的人間の政治論	H.リード／増野，山内訳	¥ 850
マルクス主義と民主主義の伝統	A.ランディー／藤野渉訳	¥1200
労働の歴史〈棍棒からオートメーションへ〉	J.クチンスキー，良知，小川共著	¥1900
ヒュマニズムと芸術の哲学	T.E.ヒューム／長谷川鉱平訳	¥2200
人類社会の形成（上・下）	セミョーノフ／中島，中村，井上訳	上 品 切 下 ¥2800
倫理学	G.E.ムーア／深谷昭三訳	¥2200
国家・経済・文学〈マルクス主義の原理と新しい論点〉	J.クチンスキー／宇佐美誠次郎訳	¥ 850
ホワイトヘッド教育論	久保田信之訳	品 切
現代世界と精神〈ヴァレリィの文明批評〉	P.ルーラン／江口幹訳	¥980
葛藤としての病〈精神身体医学的考察〉	A.ミッチャーリヒ／中野，白滝訳	¥1500
心身症〈葛藤としての病 2〉	A.ミッチャーリヒ／中野，大西，奥村訳	¥1500
資本論成立史（全4分冊）	R.ロスドルスキー／時永，平林，安田他訳	(1) ¥1200 (2) ¥1200 (3) ¥1200 (4) ¥1400
アメリカ神話への挑戦（I・II）	T.クリストフェル他編／宇野，玉野井他訳	I ¥1600 II ¥1800
ユダヤ人と資本主義	A.レオン／波田節夫訳	¥2800
スペイン精神史序説	M.ピダル／佐々木孝訳	¥2200
マルクスの生涯と思想	J.ルイス／玉井，堀場，松井訳	¥2000
美学入門	E.スリヨ／古田，池部訳	品 切
デーモン考	R.M.=シュテルンベルク／木戸三良訳	¥1800
政治的人間〈人間の政治学への序論〉	E.モラン／古田幸男訳	¥1200
戦争論〈われわれの内にひそむ女神ベローナ〉	R.カイヨワ／秋枝茂夫訳	¥3000
新しい芸術精神〈空間と光と時間の力学〉	N.シェフェール／渡辺淳訳	¥1200
カリフォルニア日記〈ひとつの文化革命〉	E.モラン／林瑞枝訳	¥2400
論理学の哲学	H.パットナム／米盛，藤川訳	¥1300
労働運動の理論	S.パールマン／松井七郎訳	¥2400
哲学の中心問題	A.J.エイヤー／竹尾治一郎訳	品 切
共産党宣言小史	H.J.ラスキ／山村喬訳	品 切
自己批評〈スターリニズムと知識人〉	E.モラン／宇波彰訳	¥2000
スター	E.モラン／渡辺，山崎訳	¥1800
革命と哲学〈フランス革命とフィヒテの本源的哲学〉	M.ブール／藤野，小栗，福吉訳	品 切
フランス革命の哲学	B.グレトゥイゼン／井上尭裕訳	¥2400
意志と偶然〈ドリエージュとの対話〉	P.ブーレーズ／店村新次訳	¥2500
現代哲学の主潮流（全5分冊）	W.シュテークミュラー／中埜，竹尾監修	(1) ¥4500 (2) ¥4200 (3) ¥6000 (4) ¥3300 (5) ¥7300
現代アラビア〈石油王国とその周辺〉	F.ハリデー／岩永，菊地，伏見訳	¥2800
マックス・ウェーバーの社会科学論	W.G.ランシマン／湯川新訳	¥1600
フロイトの美学〈芸術と精神分析〉	J.J.スペクター／秋山，小山，西川訳	品 切
サラリーマン〈ワイマル共和国の黄昏〉	S.クラカウアー／神崎巌訳	¥1700
攻撃する人間	A.ミッチャーリヒ／竹内豊治訳	¥ 900
宗教と宗教批判	L.セーヴ他／大津，石田訳	¥2500
キリスト教の悲惨	J.カール／高尾利数訳	品 切
時代精神（I・II）	E.モラン／宇波彰訳	I 品 切 II ¥2500
囚人組合の出現	M.フィッツジェラルド／長谷川健三郎訳	品 切

スミス，マルクスおよび現代	R.L.ミーク／時永淑訳	¥3500
愛と真実〈現象学的精神療法への道〉	P.ローマス／鈴木二郎訳	¥1600
弁証法的唯物論と医学	ゲ・ツァレゴロドツェフ／木下，仲本訳	¥3800
イラン〈独裁と経済発展〉	F.ハリデー／岩永，菊地，伏見訳	¥2800
競争と集中〈経済・環境・科学〉	T.プラーガー／島田稔夫訳	¥2500
抽象芸術と不条理文学	L.コフラー／石井扶桑雄訳	¥2400
プルードンの社会学	P.アンサール／斉藤悦則訳	¥2500
ウィトゲンシュタイン	A.ケニー／野本和幸訳	¥3200
ヘーゲルとプロイセン国家	R.ホッチェヴァール／寿福真美訳	¥2500
労働の社会心理	M.アージル／白水，奥山訳	¥1900
マルクスのマルクス主義	J.ルイス／玉井，渡辺，堀場訳	¥2900
人間の復権をもとめて	M.デュフレンヌ／山縣熙訳	¥2800
映画の言語	R.ホイッタカー／池田，横川訳	¥1600
食料獲得の技術誌	W.H.オズワルド／加藤，禿訳	¥2500
モーツァルトとフリーメーソン	K.トムソン／湯川，田口訳	¥3300
音楽と中産階級〈演奏会の社会史〉	W.ウェーバー／城戸朋子訳	¥3300
書物の哲学	P.クローデル／三嶋睦子訳	¥1600
ベルリンのヘーゲル	J.ドント／花田圭介監訳，杉山吉弘訳	¥2900
福祉国家への歩み	M.ブルース／秋田成就訳	品切
ロボット症人間	L.ヤブロンスキー／北川，樋口訳	¥1800
合理的思考のすすめ	P.T.ギーチ／西勝忠男訳	¥2000
カフカ=コロキウム	C.ダヴィッド編／円子修平，他訳	¥2500
図形と文化	D.ペドウ／磯田浩訳	¥2800
映画と現実	R.アーメス／瓜生忠夫，他訳／清水晶監修	¥3000
資本論と現代資本主義（I・II）	A.カトラー，他／岡崎，塩谷，時永訳	I 品切 II ¥3500
資本論体系成立史	W.シュヴァルツ／時永，大山訳	¥4500
ソ連の本質〈全体主義的複合体と新たな帝国〉	E.モラン／田中正人訳	¥2400
ブレヒトの思い出	ベンヤミン他／中村，神崎，越部，大島訳	¥2800
ジラールと悪の問題	ドゥギー，デュピュイ編／古田，秋枝，小池訳	¥3800
ジェノサイド〈20世紀におけるその現実〉	L.クーパー／高尾利数訳	¥2900
シングル・レンズ〈単式顕微鏡の歴史〉	B.J.フォード／伊藤智夫訳	¥2400
希望の心理学〈そのパラドキシカルアプローチ〉	P.ワツラウィック／長谷川啓三訳	¥1600
フロイト	R.ジャカール／福本修訳	¥1400
社会学思想の系譜	J.H.アブラハム／安江，小林，樋口訳	¥2300
生物学における ランダムウォーク	H.C.バーグ／寺本，佐藤訳	品切
フランス文学とスポーツ〈1870～1970〉	P.シャールトン／三好郁朗訳	¥2800
アイロニーの効用〈『資本論』の文学的構造〉	R.P.ウルフ／竹田茂夫訳	¥1600
社会の労働者階級の状態	J.バートン／真実一男訳	¥2000
資本論を理解する〈マルクスの経済理論〉	D.K.フォーリー／竹田，原訳	¥2800
買い物の社会史	M.ハリスン／工藤政司訳	¥2000
中世社会の構造	C.ブルック／松田隆美訳	¥1800
ジャズ〈熱い混血の音楽〉	W.サージェント／湯川新訳	品切
地球の誕生	D.E.フィッシャー／中島竜三訳	¥2900
トプカプ宮殿の光と影	N.M.ペンザー／岩永博訳	¥3800
テレビ視聴の構造〈多メディア時代の「受け手」像〉	P.バーワイズ他／田中，伊藤，小林訳	品切
夫婦関係の精神分析	J.ヴィリィ／中野，奥村訳	¥3300
夫婦関係の治療	J.ヴィリィ／奥村満佐子訳	¥4000
ラディカル・ユートピア〈価値をめぐる議論の思想と方法〉	A.ヘラー／小箕俊介訳	¥2400

サウジアラビア王朝史	J.B.フィルビー／岩永,冨塚訳	¥5700
愛の探究〈生の意味の創造〉	I.シンガー／工藤政司訳	¥2200
自由意志について〈全体論的な観点から〉	M.ホワイト／橋本昌夫訳	¥2000
政治の病理学	C.J.フリードリヒ／宇治琢美訳	¥3300
書くことがすべてだった	A.ケイジン／石塚浩司訳	¥2000
宗教の共生	J.コスタ=ラスクー／林瑞枝訳	¥1800
数の人類学	T.クランプ／髙島直昭訳	¥3300
ヨーロッパのサロン	ハイデン=リンシュ／石丸昭二訳	¥3000
エルサレム〈鏡の都市〉	A.エロン／村田靖子訳	¥4200
メソポタミア〈文字・理性・神々〉	J.ボテロ／松島英子訳	¥4700
メフメト二世〈トルコの征服王〉	A.クロー／岩永,井上,佐藤,新川訳	¥3900
遍歴のアラビア〈ベドウィン揺籃の地を訪ねて〉	A.ブラント／田隅恒生訳	¥3900
シェイクスピアは誰だったか	R.F.ウェイレン／磯山,坂口,大島訳	¥2700
戦争の機械	D.ピック／小澤正人訳	¥4700
住む　まどろむ　嘘をつく	B.シュトラウス／日中鎮朗訳	¥2600
精神分析の方法Ⅰ	W.R.ビオン／福本修訳	品　切
考える／分類する	G.ペレック／阪上脩訳	¥1800
バビロンとバイブル	J.ボテロ／松島英子訳	¥3000
初期アルファベットの歴史	J.ナヴェー／津村,竹内,稲垣訳	¥3600
数学史のなかの女性たち	L.M.オーセン／吉村,牛島訳	¥1700
解決志向の言語学	S.ド・シェイザー／長谷川啓三監訳	¥4600
精神分析の方法Ⅱ	W.R.ビオン／福本修訳	¥4000
バベルの神話〈芸術と文化政策〉	C.モラール／諸田,阪上,白井訳	¥4000
最古の宗教〈古代メソポタミア〉	J.ボテロ／松島英子訳	¥4500
心理学の７人の開拓者	R.フラー編／大島,吉川訳	¥2700
飢えたる魂	L.R.カス／工藤,小澤訳	¥3900
トラブルメーカーズ	A.J.P.テイラー／真壁広道訳	¥3200
エッセイとは何か	P.グロード,J.-F.ルエット／下澤和義訳	¥3300
母と娘の精神分析	C.オリヴィエ／大谷,柏訳	¥2200
女性と信用取引	W.C.ジョーダン／工藤政司訳	¥2200
取り消された関係〈ドイツ人とユダヤ人〉	H.マイヤー／宇京早苗訳	¥5500
火　その創造性と破壊性	S.J.パイン／大平章訳	¥5400
鏡の文化史	S.メルシオール=ボネ／竹中のぞみ訳	¥3500
食糧確保の人類学	J.ポチエ／山内,西川訳	¥4000
最古の料理	J.ボテロ／松島英子訳	¥2800
人体を戦場にして	R.ポーター／目羅公和訳	¥2800
米国のメディアと戦時検閲	M.S.スウィーニィ／土屋,松永訳	¥4000
十字軍の精神	J.リシャール／宮松浩憲訳	¥3200
問題としてのスポーツ	E.ダニング／大平章訳	¥5800
盗まれた手の事件〈肉体の法制史〉	J.-P.ボー／野上博義訳	¥3600
パステルカラーの罠〈ジェンダーのデザイン史〉	P.スパーク／菅,暮沢,門田訳	¥3800
透明な卵〈補助生殖医療の未来〉	J.テスタール／小林幹夫訳	¥2300
聖なるきずな〈ユダヤ人の歴史〉	N.F.キャンター／藤田永祐訳	¥7000
食物と愛〈日常生活の文化誌〉	J.グッディ／山内,西川訳	¥4800
人類の記憶〈先史時代の人間像〉	H.ド・サン=ブランカ／大谷尚文訳	¥2500
エコ心理療法〈関係生態学的治療〉	J.ヴィリィ／奥村満佐子訳	¥5300
中世の商業革命〈ヨーロッパ 950―1350〉	R.S.ロペス／宮松浩憲訳	¥2900

（表示価格は本書刊行時のものです．表示価格は，重版に際して変わる場合もありますのでご了承願います．なお表示価格に消費税は含まれておりません．）